Karin de la Roi-Frey

Wozu braucht ein Mädchen einen Schreibtisch?

Karin de la Roi-Frey

Wozu braucht ein Mädchen einen Schreibtisch?

Ein nordfriesisches Inselleben

Verlag Jens Quedens · Norddorf/Amrum

Impressum

2. Auflage 2001

ISBN 3-924422-62-1

Gesamtherstellung: Boyens Offset, Heide

Fotos: Mein Dank für die Unterstützung bei der Arbeit an diesem Buch gilt dem Wyker „Fotohaus Ingwersen" und ganz besonders Ane Ingwersen, die mir den größten Teil der hier gezeigten Fotografien zur Verfügung stellte, und Anna-Marie Holm aus Wyk, deren Familienarchiv eine wertvolle Hilfe für mich war, sowie meinem Onkel Heinz-Günther Rambke für seine Fotografien von Großmutters Garten und allen Föhrerinnen und Föhrern, die meine neugierigen Fragen geduldig beantworteten.

Inhaltsverzeichnis

EINLEITUNG

In dem Jahr ihrer Geburt legten die Passagierdampfer der Wyker Reederei, zu deren Gründern ihr Großvater Sievert Broder Volquardsen von der Hallig Hooge gehörte, noch an der Mittelbrücke an, und die großen Frachtsegler des Wyker Hafens, wie seine „Helene", brachten Waren aus England und dem Mittelmeerraum nach Föhr. Am Ende ihres Lebens nahm sie als seine letzte, noch direkte Nachfahrin anläßlich des hundertjährigen Reederei-Jubiläums in einer Feierstunde die Glückwünsche des schleswig-holsteinischen Ministerpräsidenten entgegen.

Meine Großmutter Agnes wuchs in einer Familie von Hallig- und Inselbewohnern auf, die seit Generationen mit dem Meer lebten. Das hatte ihnen tiefes Unglück, aber auch großen Reichtum und Ansehen gebracht, es hatte ihre Gesichter geprägt und die Familientradition in Gemälden und Briefen, in den Namen ihrer Schiffe und wertvollen Pretiosen weiterleben lassen. Nicht alles wurde sorgfältig genug aufbewahrt, manches ging mit dem Schicksal seiner Besitzer verloren, anderes wurde aus Unachtsamkeit zerstört. Die Geschichten ihrer Familie aber, das Wissen über die einzelnen Lebenswege, die Freude am Erzählen und das Bedürfnis, Erinnerungen wachzuhalten, blieben. Meine Großmutter verbrachte ihr ganzes Leben auf Föhr und gehört nicht nur selbst zu einem Jahrhundert Inselleben, sie trägt auch das Fühlen und Wissen vorausgegangener Generationen in sich und wurde darüber zu einem Teil der Geschichte Föhrs.

Und so gerieten die abendlichen Teestunden in ihrem Haus zu Erzählstunden, in denen sie ihre Erinnerungen mit unserer Gegenwart verknüpfte. Vergessene Namen und alte Häuser erwachten zum Leben, unser Inselalltag wurde eins mit dem der letzten Jahrhunderte, und wir fühlten uns in den Geschichten meiner Großmutter als Teil einer langen Tradition gut aufgehoben. Mit dem Ende ihres nun fast schon hundertjährigen Lebens auf Föhr wird ein Stück erzählte Inselgeschichte verloren gehen.

Aus ihrem reichen Erzählungs- und Lebensschatz schöpfend und mit dem Wunsch, dieses nordfriesische Inselleben schriftlich aufzubewahren, schreibe ich über das Leben meiner Großmutter, die für mich im Mittelpunkt einer großen, eng mit der Inselgeschichte verbundenen Familientradition steht.

Föhrerinnen

Als junges Dienstmädchen mit langer, weißer Schürze und kleinem Häubchen auf dem Kopf, das vom Wyker Briefboten die Post für ihre „Herrschaft“ entgegennimmt, begegnen mir die Föhrerinnen, die zur Generation meiner Großmutter gehören, ebenso wie die als „Hornfischwief“ bekannte Friesin in ihrer Alltagstracht, die mit ihrem Einspänner aus Boldixum kommend die „Grossestraße“ hinunterfährt. Ihre Festtagstracht mit dem üppigen, schweren Brustschmuck und dem kunstvoll gesteckten Tuch tragen die Föhrerinnen gestern wie heute nur zu besonderen Anlässen, so bei der Einweihung des „Lembke-Hains“ im Jahre 1902. Neben einer Reihe würdiger Wyker Herren mit Monokel, Zylinder und Stock bilden sie wie die Blumen und Fahnen die Dekoration dieses Festaktes. Auf dem Friesentreffen in Goting einige Jahre später repräsentierten die Friesinnen in ihren historischen und gegenwärtigen Alltags- und Festtagstrachten ein Stück der Inselgeschichte, zu der auch die Frauen gehören, die kurze Zeit danach während des ersten Weltkrieges als Matrosen die Männer auf den Schiffen der Wyker Dampfschiffsreederei vertraten. Und die Namen jener Frauen, die zusammen mit denen ihrer

Das „Hornfischwief“.

Männer in die Maueranker der alten Friesenhäuser eingelassen wurden, stehen stellvertretend für alle, die manchmal über Jahre allein mit ihren Kindern lebten und für alles allein zuständig waren, während ihre Männer zur See fuhren. Das machte sie über die Jahrhunderte stärker, selbständiger und sich selbst viel bewußter als die meisten Frauen ihrer Generation. Und so hatte eine Nieblumerin die Courage, ihrem Bräutigam mit den Worten: „He weer mi to tumpich“ den Laufpaß zu geben. Eine andere soll ihren Pastor „Seelenwolf“ genannt und dafür eine Zuchthausstrafe kassiert haben, und eine 45jährige Witwe fand nichts dabei, einen 18jährigen jungen Mann zu heiraten. Andere Frauen, wie die Tochter des Küsters und Lehrers Heinsen aus Boldixum, wanderten nach Amerika aus, sie stritten um ihr reiches Erbe oder sie gründeten eine kleine Privatschule. Und wenn sie mit ihren 50 Lebensjahren auch schon als „ein altes Mädchen“ galten, so wußten die Männer doch ganz genau, was sie an ihnen hatten. Wie soll „de ole Brautlecht-Deppe“ gesagt haben: „Auf unsere Frauen, da kann man Häuser bauen.“

Junge Föhrerinnen in ihrer altfriesischen Tracht.

Föhrer Friesinnen vor dem Utersumer Gasthof „Knudtsen", wo am Sonntag getanzt wurde – auch ohne Männer.

Mit Hauben und Tüchern vor der Sonne geschützt (braune Haut galt als unfein!), gehen Föhrerinnen aufs Feld zur Arbeit.

Sie hatten es nicht leicht in den vergangenen Jahrhunderten. Unwetter und Sturmfluten, unbehandelte Krankheiten, mangelhafte Ernährung, die harte Arbeit auf den Feldern und das gefürchtete Kindbettfieber gehörten ebenso zu ihrem Leben wie ihre vor Grönland umgekommenen Männer, die vom Gelbfieber dahingerafften Söhne, die auf den Goldgräberfeldern von Amerika verschollenen Väter und die Toten der zwei Weltkriege. Die Sterberegister der Inselkirchen sind voll von solchen Einträgen wie „auf See bestattet", „begraben in Norwegen" und „seit 20 Jahren verschollen". Die Frauen der Insel waren es gewohnt, allein zu sein. Monate, manchmal Jahre waren die Männer auf See. In der Ungewißheit über die gute Rückkehr ihrer Männer schlossen sie sich einander enger an, saßen abends gemeinsam am Spinnrad, halfen sich gegenseitig in Notsituationen und feierten Feste ohne ihre Männer. Alte Aufnahmen von Föhrerinnen, die sich am Abend zum Handarbeiten und „Klönschnack" in der guten Stube des Hauses treffen, die gemeinsame Lesestunden abhalten oder am Sonntag nachmittag im Gasthof von Julius Knudtsen in Utersum zum Tanz zusammenkommen, sind bekannt. Frauenkreise und -freundschaften, die durch die lange abwesenden Männer oft überhaupt erst entstehen und nicht gestört werden konnten, sind ein Teil unserer Tradition. Das gehört zur Geschichte der Inselfrauen.

Auf alten Bildern in unserem Familienalbum sehe ich die Föhrerinnen bei harter Arbeit: auf dem Feld, im Stall, am Meer. Vor einem riesigen, unübersehbaren Berg von Muscheln begegnen mir auf einem alten Foto etwa zwanzig Insulanerinnen als Belegschaft der Muschelfabrik. Sitzend oder stehend haben sie sich zu einem Foto zusammengefunden – unter ihnen auch Anna, die hübsche Schwester meiner Großmutter. Die Frauen tragen lange Röcke und Schürzen, Kopftücher, und man sieht ihren Gesichtern und Körpern die schwere Arbeit an. Ihr Leben hat nur wenig mit dem „Kartenclub" von 1913/14 zu tun. Zu den Wyker Honoratioren-Ehepaaren, die sich um den Tisch versammelt haben, gehören die Paulsens, Martens, Okkens und Jürgens. Die Herren des Kartenclubs verbringen einen gemütlich-festlichen Vorweihnachtsabend mit ihren Frauen. Man trägt Anzug und feine Ausgehkleider, sitzt an einer langen, weiß gedeckten Tafel, prostet sich mit Wein zu und ist sich seiner Position und Wichtigkeit bewußt. So geht es wenige Jahre zuvor auch den Herrschaften auf der Verlobungsfeier, die Waldemar Lind vom „Strand-Bazar" (Ecke Sandwall/Mittelstraße) seiner Tochter Frieda ausrichtet. Neben dem Brautpaar am Kopf des Tisches haben die Großmütter als älteste Vertreterinnen der Familie Platz genommen und schauen ernst in die Richtung

Die Arbeiterinnen der Muschelfabrik. Großmutters Schwester Anne steht zwischen den zwei rechts auf den Muscheln sitzenden Frauen.

Föhrerinnen beim Krabbenfang vor Föhr – in „voller Montur" stehen sie im Wasser.

Wyker Kaufleute und Honoratioren zeigen, wer sie sind.

des Fotografen. Witwenhäubchen und dunkle Kleider machen ihren Status deutlich. Den machen auch die übrigen anwesenden Damen mit ihren hochgeschlossenen Blusen, den aufgesteckten Haaren und dezent angelegtem Schmuck deutlich – sie tragen die Namen Deppe, Meesenburg, Müller, Possehl und Levsen. Zusammen mit ihren Männern bauen sie Betriebe und Geschäfte auf, die bis in unsere Tage bestehen werden. Manche, wie die Frau des vermögenden Kohlen- und Baustoffhändlers Heymann, die ihre Kutsche nur einmal im Jahr benutzt und sie zu Weihnachten aufpolieren läßt, um zum Gottesdienst nach Boldixum zu fahren, gehören bis heute zu den Erinnerungen der alten Wykerinnen.

Schon zu Beginn des letzten Jahrhunderts, als meine Großmutter noch ein Kind war, arbeiteten die Frauen in Wyk und in den Dörfern der Insel als selbständige Geschäftsfrauen. So betrieb Doris Petersen in der Hafenstraße eine „Gemüse-, Obst- und Fisch-Handlung", und eine Nieblumerin verkaufte Flechtarbeiten, wie Uhrketten aus Frauenhaaren. In Alkersum erfreute sich „Gretchen Hayens Gasthof", in dem der bekannte Maler Otto H. Engel oft Quartier bezog, allergrößter Beliebtheit. Manche „hoch gestellte Persönlichkeit" soll nicht wieder von der Insel abgereist

Gretchen Hayens Gasthof in Alkersum – Ferienquartier des Malers Otto H. Engel.

sein, bevor sie bei „Tante Gretchen“ gewesen war. Im Badeort Wyk stellten sich die Frauen auf die Bedürfnisse der Sommergäste ein und verkauften wie Inge Hansen in der Großen Straße „leichte Strandhüte“, und die Witwe Holm gegenüber dem Glockenturm handelte mit „Colonialwaren“, wobei sie auch stets ein großes Angebot an Föhrer Postkarten für die Gäste bereithielt. Die „Privat-Hebamme“ Lorenzen bot sich in Anzeigen „zur Vornahme des Abreibens und der Einpackungen, ferner des Massierens“ an, und in der „Haushaltungsschule“ der Witwe Horn hatten junge, zur Erholung auf Föhr weilende Mädchen die Gelegenheit, „mit Rücksicht auf die Gesundheit in allen Fächern des Haushalts gründlich ausgebildet zu werden“.

Die steigende Zahl der Badegäste verlangte im Laufe der Zeit immer mehr Unterkünfte, und manche Hausfrau wie Urgroßmutter Pauline wurde so zur „Saison-Unternehmerin“, die zu Beginn des Sommers die privaten Schlafräume des Hauses räumte und für die erwarteten Gäste herrichtete. Dazu reichte sie das morgendliche Frühstück, und einige der Vermieterinnen boten auch noch Halb- oder Vollpension an. Mit dem Ausbruch des ersten Weltkrieges, „midden in de schöne Sommer“, reisten die Badegäste ab, und „op eenmal weer de Badetied in Wyk fööorbi“. Meine Großmutter trat in diesen Jahren die erste von noch vielen folgenden Stellungen im Haushalt an, wurde Kindermädchen, trug als junge Ehefrau den „Insel-Boten“ aus, putzte in der Küche des „Bürgerhofs“ (heute: Duus-Hotel) Fische, gehörte zu den Verteilerinnen der wöchentlichen Brotrationen während des zweiten Weltkrieges und vermietete später ihr Gartenhaus im Starklef an Sommergäste.

Junge Wykerinnen – meine Güte, diese Hüte!

Am Meer

Die Frauen unserer Familie lieben das Meer. Ob sie mit geschnürten Stiefeletten und in den schwarzen, langen Röcken des 19. Jahrhunderts am Ufer entlangliefen oder Generationen später ihre Jeans in die „Moon-Boots" stopften und sich gegen den eisigen Wind aus Südwest stemmten, immer nahmen sie ihre Strandgänge als ein Stück Raum und Zeit wahr, das sie für einige Zeit aus allem anderen heraushob. Unterwegs unter den Wolken verloren sich ihre Gedanken in der unendlichen Zeit, das bis zum Horizont hingedehnte Wasser des Meeres gab ihnen das Bewußtsein der Weite, und mit jedem Blick in die Ferne schritten sie energischer aus und spürten neue Kraft in sich. Ärger, Hoffnungslosigkeit, Trauer und das melancholische „Erbe" ihrer friesischen Vorfahren ließen sie ebenso zum Meer hinauslaufen wie das Bedürfnis, in den übervollen, frohen Stunden und Tagen ihres Lebens zum Einfachen und Klaren zurückzufinden.

Das Kopftuch fest umgebunden und die Hände tief in den Taschen ihrer Mäntel vergraben, standen sie beim Leuchtturm am Ufer und ließen ihre Blicke zu den Halligen am Horizont wandern, von wo einst ihre Vorfahren auf die Insel gekommen waren. Die Unberechenbarkeit des Meeres gehörte zu ihrem Leben. Kinder konnten aus den reißenden Fluten der Sturmnächte nicht mehr gerettet werden, Söhne kehrten von ihrer ersten Fahrt als Schiffsjungen nicht zurück, Männer gingen auf dem Walfang vor Grönland unter oder kamen bei der Bergung Schiffbrüchiger ums Leben. Die Poesie des Meeres ist den Frauen der Familie trotzdem nie verloren gegangen. Sein Rauschen beruhigte sie in schlaflosen Nächten und gehörte zu den „Heimwehmelodien", wenn sie ihre Insel verließen. Sie liebten Gedichte über das Meer, lasen Wilhelm Lobsiens „Halligpastor" und fanden ein Stück von sich selbst wieder in der Sylter Romanfigur „Stella Termogen" von Uta Danella. Und während sie dort am Strand stehend an die lange Reihe ihrer Vorfahrinnen dachten, hatten sich drüben über Amrum schwere, schwarze Wolken aufgetürmt, die wie von eiliger Hand geschoben über das Wasser Richtung Halligen jagten und einen Schwarm Möwen, der sich mühelos vom Wind über die Wellen tragen ließ, viel heller und weißer als je zuvor erscheinen ließ. Mit allen Sinnen ihre Umgebung wahrnehmend, fühlten die Frauen sich verwachsen mit Wolken, Wind und Meer. Sie schmeckten die salzige Luft auf ihren Lippen, ließen schaudernd den Wind durch sich hindurchgehen und spürten sich selbst beim Anblick der rasch dahinziehenden Wolken so sehr, daß sie am liebsten jauchzend hinterhergerannt wären, um dieses Gefühl von Aufbruch und Freiheit nie mehr zu vergessen. Befreit von den Zwängen des Verstandes, fühlten sie sich als ein Teil ihrer Umgebung, sie begannen mit dem Herzen zu denken und mit dem Wind zu sprechen. Ihre Träume blühten auf, und leise für sich sprachen sie Stine Andresens Gedichtzeilen: „Entschwebt mein Geist auf Sehnsuchtsflügeln, ins ferne, unbekannte Land."

Die Sehnsucht nach dem Meer, an dessen Ufer sie ganz für sich und bei sich selbst sein konnten, verließ die Frauen nie. Urgroßmutter Pauline erkannte man schon aus der Ferne, wenn sie allein am Strand entlang lief: Über der schmalen, dunkel gekleideten Gestalt mit dem weißen Haarknoten, die mit jedem Schritt gegen den Wind beschwingter auszuschreiten schien, jagten die Wolken dahin, verdunkelten den Strand und ließen ein Aquarell aus Wolken, Wind und Wasser um Pauline entstehen. Bis in ihr hohes Alter genoß sie es, am Meer zu sein. Ihrer Tochter Agnes ging es ebenso. Die Sehnsucht nach dem Blick in die Weite verlor sie nie. „Ich möchte nochmal das Wasser sehen", sagte sie an manchen Nachmittagen ihrer letzten Jahre zu mir und kehrte stets erfüllt und irgendwie auch beruhigt von dort zurück.

Die berühmte Halligverwandtschaft

Als Großmutters Großvater Sievert Broder Volquardsen (1820–1902) und sein älterer Bruder Volkert (1818–1864) drei Jahre nach der fürchterlichen Sturmflut vom Februar 1825 Hallig Hooge und damit ihr Elternhaus auf der Backenswarft verließen, um auf Föhr zur Schule zu gehen, verloren sie nicht nur ihre Heimat, sondern auch viele Familienbeziehungen. Herausgerissen aus der langen Kette ihrer Halligvorfahren, kamen sie scheinbar vergangenheits- und geschichtslos hier an, und erst die Familienforscherinnen viel späterer Generationen entdeckten das Geflecht ihrer berühmten nordfriesischen Vorfahren.

Im Sommer nach der Sturmflut vom Februar 1825 entschloß sich der dänische König Friedrich VI., den Inseln und Halligen höchstpersönlich einen Besuch abzustatten, um sich ein Bild von den Schäden zu machen. Widrige Winde hielten die Reisenden auf und zwangen den König, auf der Hallig Hooge zu übernachten. Es gab nur zwei Wohngebäude, die vom Wasser der Nordsee verschont geblieben waren, und so bezog er die gute Stube (Pesel) im Haus des Kapitäns Tade Hans Bandix auf der Hanswarft. Über seine Mutter und Großmutter war Sievert Broder Volquardsen mit ihm verwandt, und es ist darüber spekuliert worden, ob Sievert Broder vielleicht jener kleine Halligjunge war, der dem königlichen Besucher immer die Tür öffnete. Beim ersten Mal bekam er dafür einen ganzen Taler als Belohnung, danach aber nur einen Schilling mit den Worten: „Sonst wirst Du mir zu teuer, mein Sohn! Was willst Du denn einmal werden?“ Der Kleine antwortete: „Ein Seemann, Herr König!“ „Das ist gut, mein Sohn, dann melde er sich in Kopenhagen!“ „Jawohl, Herr König!“

Sievert Broder Volquardsens Tante Stienke wurde von ihrem Übernachtungsgast nicht nur reichlich beschenkt, der königliche Besuch stärkte ihr Selbstbewußtsein auch ganz gehörig. Einen gewonnenen Prozeß gegen den Landschreiber kommentierte sie mit den Worten: „Bi mi hett een König wahnt un ik bin mit em trech kamen, un nu schall ik mit son Stackel von Kerl nich ferdig warn!?“ Ihre Nachfahren wußten ebenfalls den besonderen Besucher des Sommers 1825 zu würdigen: Die mit Fliesen ausgelegte gute Stube der Hanswarft ist als der „Königspesel“ in die Geschichte von Sievert Broder Volquardsens Heimathallig eingegangen.

Weit über die Grenzen der nordfriesischen Inseln und Halligen hinaus war die Familie bekannt, in die sein Onkel Sievert Albert 1821 eingeheiratet hatte. Er nahm Stienke Elisabeth, die Tochter des berühmten und hochgeachteten Hooger Kapitäns Haye Laurens (1753–1835) zur Frau. Fünfzig Jahre fuhr Haye Laurens zur See und konnte am Ende seines Lebens von 48 Reisen erzählen, die er mit seinen Schiffen unternommen hatte. Eine aber brachte ihm mehr Ruhm, Ansehen und Reichtum als alle anderen: In den Jahren des bourbonischen Widerstands gegen die Herrschaft Napoleons in Frankreich reiste der spätere König Ludwig XVIII auf dem Schiff „De Kinds Kinner“ unter Kapitäns Laurens durch schwere Stürme, gehetzt von Verfolgern und Attentätern nach Schweden, um sich dort mit seinem Bruder zu treffen. Die auf dieser Reise von ihm ausgearbeitete Erklärung wurde die Grundlage für die Verfassung, die er seinem Land nach Napoleons Verschwinden als König gab. Weder als wagemutiger, aber besonnener Kapitän, noch als Reise- und Weggefährte, zu dem er Vertrauen und Freundschaft empfunden hatte, wurde Haye Laurens von Ludwig XVIII vergessen. Er belohnte ihn königlich. Zu den von Generation zu Generation in der Familie weitergereichten Erbstücken gehören seitdem eine Tafeluhr, eine silberne Tischglocke, feine Porzellantassen, eine silberne Kanne mit dem Bourbonenwappen und der 1818 verliehene Lilienorden. Zwei Jahre danach heiratete seine Tochter Stienke den Onkel von Sievert Broder Volquardsen und brachte 1824 eine Tochter zur Welt. Gemeinsam mit ihren Geschwistern lebte die kleine Louise Friederike Sievertsen (1824–1866) auf der Hallig Hooge, bis sie 1829 den Vater und sechs Jahre später die Mutter verloren. Das große Vermögen der Familie Laurens, aus der ihre Mutter stammte, erforderte Vormünder für die Kinder. Und so kamen die beiden Mädchen nach Föhr zu ihren Verwandten, wo die Onkel für das Vermögen und die Tanten für geeignete Heiratskandidaten sorgten, während der Sohn und Stammhalter auf Hooge blieb. Auf Föhr heiratete Louise Friederike im Jahre 1845 den Landmann Jürgen Erich Jürgens. Eine ihrer Töchter wurde unter dem Namen Stine Andresen (1849–1927) als nordfriesische Heimatdichterin bekannt und gehört zu der berühmten Verwandtschaft meiner Großmutter.

Die Schatulle

Der Schreibtisch Theodor Storms mit den geschnitzten Nolde-Eulen, die Stühle aus Professor Häberlins Eßzimmer, die geschnitzte Staffelei aus dem Besitz der Föhrer Dichterin Stine Andresen und viele andere Möbelstücke bleiben für immer mit einem bestimmten Namen verbunden.

So ist es auch bei uns. Bis er 1848 an der Cholera auf seinem vor Hamburg liegenden Schiff starb, bewohnte der aus Dänemark stammende Kapitän Jes Wollesen Krap eines der Häuser am Sandwall (heute: Boetius). Die gediegene Wohlhabenheit, die feine Zurückhaltung des Ehepaares Krap und die angenehme Atmosphäre des Hauses waren bekannt: Zusammen mit seiner Frau Paulina aus Wyk beherbergte Jes Wollesen in den Jahren 1842 bis 1847 die Hofdame Fräulein von Krogh und ihr Kammermädchen aus dem Gefolge des dänischen Königspaares, das auf Föhr zur Sommerfrische weilte. Zu dieser Zeit gehörte bereits Paulinas Schatulle aus dunklem Holz zu den Einrichtungsgegenständen des Kapitänshauses am Sandwall. Zwischen zwei mit rotem Samt bezogenen Stühlen mag sie an der Wand gestanden haben, darüber einige Miniaturen von Vorfahren und vielleicht eine Zeichnung der „Regina Dania“ – das Schiff des Hausherrn. Paulina bewahrte in der Schatulle wichtige Papiere, das

Anna Pauline Volquardsen, geb. Krap erbte die Schatulle von ihrer Mutter.

Sievert Broder Volquardsen – vom Halligjungen zum Reedereigründer von Wyk.

alte Medaillon ihrer Mutter, getrocknete Blumen, ihre Konfirmationsbibel und das Testament ihres Mannes auf. Das alles befand sich in den zwei Schubladen unter der Schreibplatte – verziert mit einem Gewinde aus Mohnblumen, blieb sie meistens geschlossen. Manchmal aber zog Paulina sich einen der Stühle heran, schloß die Schatulle auf und erledigte auf der heruntergeklappten Platte die eine oder andere Schreibarbeit. Es war ganz allein ihr Platz, und sie genoß es, dieses kleine Refugium ganz für sich zu haben. Ihr Vater, ein Kapitän und Reeder von der Hallig Langeneß, hatte ihr die Schatulle eines Tages zum Geschenk gemacht. Ihre Freundinnen waren erstaunt. Was sollte ein Mädchen mit einem Schreibtisch? Paulina aber liebte ihre Schatulle und vermachte sie später ihrer Tochter Anna Pauline, die damals schon mit dem Großvater meiner Großmutter, Sievert Broder Volquardsen, verheiratet war. Und so wanderte die kleine, dunkle Schatulle von Paulina Krap über die Generationen von Frau zu Frau und stand schließlich im Schlafzimmer von Großmutters Schwester Jenny. Und wenn ich sie in ihrer kleinen Wohnung in der Wyker Badestraße besuchte, erzählte sie mir von Jes Wollesen Krap und ließ mich nie gehen, ohne mir einige ihrer alten Wyker Bilder zu zeigen, die sie in der Schatulle aufbewahrte. Nach ihrem Tod gelangte die Krap-Schatulle, die zur Geschichte der Inseln und Halligen gehört, zu einer von Paulina Kraps Nachfahrinnen auf dem schleswig-holsteinischen Festland.

O! Ihr Weiber!

„Wenn Ihr nur vernünftig genug wäret und Eure Waffen kennen lernet und mit Bescheidenheit zu brauchen, wie sehr wäret Ihr Herren und in vielen Dingen Leiter Eurer Männer, denn das wäre ein Tyrann und Abschaum von Manne, der die sanftmütige bescheidene Bitte seines liebenden Weibes widerstehen könnte“, schreibt der Wyker Kapitän Jes Wollesen Krap seiner Tochter Anna Pauline (1821–1892) ein Jahr vor ihrer Hochzeit mit dem späteren Hafenmeister Sievert Broder Volquardsen.

Großmutters Großmutter Anna Pauline war der Liebling ihres Vaters, und es gehörte zu seinen wichtigsten Anliegen, der Tochter „einen Sermon mitzugeben“. Ratschläge für die „vielen Fälle des Lebens“ wollte er ihr erteilen, und so nahm er 1843 auf seinem vor Hamburg liegenden Schiff die Feder zur Hand und brachte sie zu Papier. „Ich versichere Dich, die Thränen liefen mich über die Wangen indem ich dies schreibe“, wird Anna Pauline zu Hause in Wyk von ihm lesen, denn ihrem Glück gelten seine „feurigsten Wünsche“. Er bittet sie in dem über 150 Jahre alten, nun vor mir liegenden Brief von ganzem Herzen, sie möge der „Vernunft Gehör geben“ und nicht den „manchmal trügerischen sinnlichen Begierden des Herzens“. Bange ist es ihm nicht um die Zukunft seiner Tochter. Anna Pauline hat Witz und Verstand, ist ja auch schon 23 Jahre alt und – so liest es sich zwischen den Zeilen ihres Vaters! – scheint sehr genau zu wissen, was sie will. Dem Seemann Sievert Broder Volquardsen gefällt das, er verliebt sich in die Kapitänstochter vom Sandwall, die ihrem Vater bald darauf schreibt, daß sie sich „an der Seite des Geliebten“ als glücklichste Frau der Welt fühle. „Sittsamkeit, Sanftmut und Häuslichkeit“ legt

Vater Krap seiner Tochter ans Herz, denn „besonders ist ein widerspenstiges, herrschsüchtiges Weib ein unnatürliches eitelhaftiges, verächtliches Unbill unter vernünftige Leute".

Jes Wollesen Krap ist sein zukünftiger Schwiegersohn nicht unbekannt. Sievert Broder Volquardsen hat bei seinem Sohn die Navigation gelernt und ist nun mit seinem zukünftigen Schwiegervater nach Hamburg gereist. In Gedanken an die baldige Hochzeit schreibt Krap seiner Tochter: „Des Geliebten Wille ferner als Ehegatten, wo Du ihn auch nur erraten kannst, sey Dir Freude und süße Pflicht, denn des einen Wohl ohne des anderen ist im Ehestand unmöglich." Er weiß, wovon er spricht nach dreißigjähriger Ehe, wenn er rät: „Einer suche den anderen mit kleinen und auch großen Gefälligkeiten zuvorzukommen, und ihr bauet Euch ein Himmel auf Erden. Diese Liebe aber, die sich auf Vernunft und Freundschaft stützet, ist weit sicherer, als die blos leidenschaftliche, die, sozusagen blos tierisch sey und verschwindet bald nach gehabtem Genuß."

Und bevor Jes Wollesen Krap seinen Brief schließt, erteilt er seiner Tochter Anna Pauline noch einen letzten Rat, denn er kennt sie gut: „Schäme Dich nicht Unrecht gehabt zu haben, noch die Hand zur Versöhnung darzureichen und hüte Dich vor das vermaledeite Mäulen."

Der Hafenmeister

„Ich erinnere mich, daß ich in jener Nacht in meinem Bette von an das Haus schlagende Wellen bespritzt und geweckt wurde. Die Wellen hatten die Fenster zertrümmert und gelangten ins Zimmer. Gleich darauf wurde ich von meiner Mutter aus dem Bett gerissen, dann ging sie mit mir und ... ihrem Dienstmädchen auf den Boden", schrieb Großmutters Großvater Sievert Broder Volquardsen viele Jahre später auf Föhr in seinen Erinnerungen. Fünf Jahre alt war der spätere Wyker Hafenmeister und Reedereigründer, als er von seiner Mutter in jener fürchterlichen Sturmnacht des Februar 1825 vor den Fluten der Nordsee unter dem Dach seines Elternhauses auf der Hooger Backenswarft in Sicherheit gebracht wurde. Vom Rückweg abgeschlossen, weil das Wasser die Treppe mit sich gerissen hatte, mußten sie Stunde um Stunde ausharren, bis sie schließlich von den Nachbarn gerettet wurden, zu denen sich Margarethe Volquardsens zweiter Sohn schon geflüchtet hatte. 42 Menschen kamen in dieser Nacht auf

Hallig Hooge ums Leben, eine ganze Warft mit allen Häusern verschwand in der Nordsee.

Sievert Broders Vater, der Schiffer und Landesgevollmächtigte Broder Melf Volquardsen, war drei Jahre vor diesen dramatischen Ereignissen gestorben. Mit der Unterstützung ihres Vaters zog die Witwe ihre Kinder groß, konnte sich aber von einer Lungenentzündung, die sie sich während der Sturmflut zugezogen hatte, nie mehr richtig erholen und starb schließlich im Jahre 1827. Wie ihr Mann Broder Melf wurde auch Margarethe Volquardsen in (sic!) der Hooger Kirche beerdigt. Zurück blieben ihre verwaisten Söhne. Sievert Broder und Volkert kamen in die Obhut ihres 76jährigen Großvaters, des Ratmanns und Schiffers Sievert Edlefsen. Aber der war schon ein alter Mann und mußte sich außerdem um seine kleine „Hökerei“ kümmern, die er nach der Strumflut zur Versorgung der Halligbewohner eingerichtet hatte. Das Fliesen-Tableau, die große Standuhr und die englischen Teetassen in seinem Haus zeugten von einigem Wohlstand. Und auch erfindungsreich soll Sievert Edlefsen gewesen sein, ließ er sich doch den auf Hooge so beliebten Branntwein als „Essig“ getarnt zuschicken, um den Pastor, der die Trinkerei seiner Schäfchen in jeder Sonntagspredigt verdammte, nicht unnötig zu beunruhigen. Im Jahre 1827 schickte dieser gewandte, ideenreiche und nicht unvermögende Mann seine Enkel Sievert Broder und Volkert nach Föhr, um sie bei Lehrer Clausen, der sie auch in Kost und Logis nahm, in Wyk ausbilden zu lassen. Sie waren noch sehr kleine Jungs, eben sieben und neun Jahre alt, hatten keine Eltern und kein richtiges Zuhause mehr. Es fiel dem Großvater nicht leicht, sie wegzuschicken, aber was hätte er Besseres für sie tun können? Und so setzte sich Sievert Edlefsen an einem Oktobertag des Jahres 1828 an seinen Tisch und schrieb „an die beyden Jonglinge“ einen Brief, dem er „etliche Schillinge zum Jahr-Markt“ beilegte: „Hütet Euch vor jeglichen Sünden. Das ist wenn Ihr in Gezank mit Euren Spielgesellen geraten solltet. So gebet eher nach und gehet weg von ihnen. Denn von Gezank kömt niemals was Gutes.“

Bis zu ihrer Konfirmation blieben die Brüder Volquardsen bei Lehrer Clausen. Und während Volkert sich zum Lehrer ausbilden ließ, wurde Sievert Broder Seemann und fuhr die nächsten sechs Jahre auf englischen und amerikanischen Schiffen zur See. Er galt als „kräftig und gewandt“ und soll so gut Englisch gesprochen haben, daß er sogar in dieser Sprache seine Gedanken formulierte. Ein Unfall hätte ihn während dieser Jahre als Schiffsjunge fast das Leben gekostet, aber er hatte Glück – er überlebte den Sturz vom Mast des Schiffes, auf dem er während eines schweren

Sandwall 72: Das Haus des Hafenmeisters Volquardsen, rechts am Zaun seine Tochter Pauline Osning.

Sturmes unterwegs war. Was ihm blieb, war ein schiefes Gesicht, das man mit den fortschreitenden Jahren immer deutlicher sehen konnte. Nach Föhr zurückgekehrt, lernte Sievert Broder Volquardsen die Navigation bei Wilhelm Krap und verliebte sich auch gleich in dessen Schwester Anna Pauline, die 1844 seine Frau wurde und mit ihm drei Kinder hatte: Sievert, der Vater des Kapitäns Hans Volquardsen, Julius Waldemar, der nach seinem Vater der Geschäftsführer der Reederei wurde und Pauline, die Mutter meiner Großmutter. An ihren Vater, den Begründer unserer Familie, erinnert noch heute ein großes Bild im Wohnzimmer meiner Großmutter, die mir oft von dem Schiffsjungen und späteren Reedereigründer mit dem schiefen Gesicht erzählte. Und dann versuchte ich mir vorzustellen, wie der bärtige und schon grauhaarige Hafenmeister Volquardsen in seiner schweren, dunklen Jacke den Weg zum Hafen hinunterlief, sich mit einigen Männern vor dem Helling-Haus unterhielt und dabei die aufkommenden Sturmwolken nicht aus den Augen ließ . . .

Vier Jahre nach seiner Hochzeit mit Anna Pauline Krap kaufte Sievert Broder die „Helene", das zu den größten Schiffen im Wyker Hafen gehörte, und fuhr als ihr Kapitän nach Norwegen, England, Spanien und

Portugal. In der Mitte des 19. Jahrhunderts begann die Blüte des Wyker Hafens, viele große Segler waren hier beheimatet und der Güter- wie Personenverkehr nahm zu. Ein alter Wyker erinnerte sich später an Großmutters Großvater mit den Worten: „De oole Koptain Sievert Volquardsen weer to mien Jungstied Habenmeister in de Wyk." Leicht hatte er es nicht immer in seinem Amt. Während er einem Ausschuß seine neuen Ideen für ein bestimmtes Hafenprojekt vortrug, rief einer der alten, dem Neuen gar nicht aufgeschlossenen, Mitglieder: „Ach wat, pitje, patje!" Entrüstet beschwerte sich Hafenmeister Volquardsen beim Vorsitzenden, der ihm lediglich entgegnete: „Wat kann ick dorför, wenn he pitje, patje to di seggt!" Ärgerlich soll Volquardsen den Raum nach seinem Vortrag verlassen und sich bei Kröger in der „Centrallhalle" erstmal einen ordentlichen Punsch genehmigt haben.

Mehrere Reedereien machten sich während dieser Jahre zeitweise Konkurrenz, ohne daß allerdings die Unzufriedenheit der Einheimischen und Gäste mit dem Schiffsverkehr beseitigt werden konnte. Schließlich gründeten einige Wyker Bürger 1885 die „Wyker Dampfschiffs-Rhederei". Den gewandten, weitgereisten, englisch sprechenden und sehr erfahrenen Kapitän und Hafenmeister Sievert Broder Volquardsen ernannten sie zum ersten Geschäftsführer. Zusammen mit dem Kapitän Steffen-Heinrich Boetius ging er als der Gründer der heutigen „WDR" in die Inselgeschichte ein. Bis zu seinem Tod im Jahre 1902 blieb er in diesem Amt und kümmerte sich um die junge Reederei. Boetius und Volquardsen ließen neue Schiffe bauen, kauften von der Konkurrenzreederei den alten Fährschuppen, den Dampfer „Föhr et Dagebüll", zwei kleine Segler, zwei Eisboote und sie erhielten die Postlizenz zwischen dem Festland und Föhr.

In einem Alter, in dem sich andere zur Ruhe setzten, hatte Sievert Broder Volquardsen seinem Leben noch einmal eine ganz neue Richtung gegeben. Und auch im privaten Bereich mußte er sich neu orientieren: Nachdem er sein erstes Haus und den größten Teil seines Vermögens durch eine übernommene Bürgschaft verloren hatte, baute er 1889 das Haus am Sandwall, in dem meine Großmutter ihre Jugend verbrachte. In diesen schweren Jahren mag er manches Mal den Brief seines Großvaters von der Hallig Hooge zur Hand genommen haben, der ihm eine „Weisheit von Herzen" mitgeben wollte und ihm und seinem Bruder Volkert schrieb: „Wenn ihr zu Euren mündlichen Jahren kommt und Euch auch ein Fach widmen wollet, welches es sey, so denket ehe Ihr redet und führet eure Lebens-Art nicht so hoch an. Denn mancher hat sein Gut verbracht und hatte nichts, da er was haben sollte."

Meine Großmutter erinnert sich nicht mehr an ihren Großvater. Sie war erst ein Jahr alt, als der Gründer und so erfolgreiche erste Geschäftsführer der „Wyker Dampfschiffs-Rhederei“ am 18. Juli 1902 in seinem Haus am Sandwall an Altersschwäche starb. Der kleine Junge, der als Halligwaise nach Föhr gekommen war, gehörte am Ende seines Lebens zu den geachteten und verdienten Männern der Insel. Der lange Trauerzug hinter seinem Sarg, der noch einmal den Sandwall entlang geführt wurde, zeigte es.

Sievert Broder Volquardsen wurde auf dem Boldixumer Friedhof beerdigt. Der Grabstein des ersten Geschäftsführers der Wyker Reederei existiert nur noch in veränderter Form; ein Nachkomme gleichen Namens ließ ihn schleifen und für sich selbst aufstellen.

Inselfriedhof

Die Grabsteine der Walfänger auf den Friedhöfen der nordfriesischen Inseln erzählen die Lebensgeschichten der hier Begrabenen und ihrer Angehörigen, alteingessene und durch den Handel reich gewordene Familien haben sich vor langer Zeit schon ansehnliche Ruhestätten anlegen lassen und manche bekannte Persönlichkeit der Inselgeschichte ruht unter einem eindrucksvollem Stein.

Ganz in der Nähe der mächtigen Dorfkirche von Boldixum auf Föhr, geschützt vor dem Westwind und der Morgensonne zugewandt, liegt am Rand einer Baumgruppe das Grab der Eltern meiner Großmutter, Pauline und Julius Osning aus Wyk. Vor einigen Jahren ist es aufgehoben worden. Auf dem dunklen, schlichten Stein, den man stehengelassen hat, sind ihre Namen schon etwas verblaßt, aber noch gut erkennbar. Vorübergehenden erzählt dieser Grabstein nicht viel. Er zeigt nur an, daß der Vater meiner Großmutter über 30 Jahre vor ihrer Mutter gestorben ist. Julius Osning kam 1865 in Goting auf Föhr zur Welt. Er war ein ungewolltes Kind, der Sohn eines österreichischen Soldaten aus Podgorje in der Steiermark, der im Schleswig-Holsteinischen Krieg 1864 als „Patroullienführer der ersten Companie des kaiserlich-königlich österreichischen Jägerbataillons Nr. 9“ nach Föhr kam. Er schwängerte ein Inselmädchen und verschwand. Inke Friederike Petersen, das Mädchen aus Goting, wollte das Kind nicht, gab ihm den Namen des Vaters und dann im Waisenhaus ab.

Pauline Volquardsen, die Tochter des Hafenmeisters, und ihr Mann, Julius Osning.

„So sind wir zu dem Namen „Osning“ gekommen“, schreibt meine Großmutter in ihren Erinnerungssätzen. Der kleine Julius kannte kein Elternhaus und sein Enkel Otto wird später erzählen, daß ihn diese Jahre still gemacht, verletzt und geprägt haben. Auf alten Fotos sieht man, daß er kein „echter“ Friese ist. Mit dunklen, ernsten Augen guckt mir ein mediterraner Mann entgegen – das Erbe des Vaters aus der Steiermark. Vielleicht hat Pauline Volquardsen gerade das gereizt. Ich habe meine Großmutter nicht danach gefragt, obwohl ich gerne gewußt hätte, warum die Tochter des Wyker Reedereigründers „nur“ einen ungelernten Arbeiter heiratete. Verwöhnt und dickköpfig soll sie gewesen sein, und so heiratete die „Desmoiselle Volquardsen“ im Jahre 1892 den „Hausknecht Osning“, denn „he schull et partout sien“.

Pauline Volquardsen kam 1862, also drei Jahre vor ihrem Mann, in Wyk zur Welt und wurde 86 Jahre alt. Wäre sie ein Paul gewesen, die Familiengeschichte müßte vielleicht anders erzählt werden. Die Tradition der Familie sollten ihre männlichen Mitglieder fortsetzen, Pauline aber war nur die Tochter des Reedereigründers Volquardsen. In der Mitte des 19. Jahrhunderts geboren, war es klar, welchen Weg ihr Leben zu nehmen hatte – den der Ehefrau, Hausfrau und Mutter. So lebten die Frauen der Familie vor ihr und werden auch nach ihr noch lange Zeit so leben. Es gibt bei den Volquardsens und Osnings keine Aussteigerinnen, Aufbegehrende oder Emanzipierte, die man den Enkelinnen aus Furcht vor „schlechten" Vorbildern hätte verschweigen müssen.

Meine Großmutter erzählt manchmal über ihre Eltern, die Erinnerung an sie aber klingt bitter, bereitet noch immer Schmerz, treibt ihr noch heute Tränen in die Augen. „Sie waren wirklich arm", erzählte mir eine alte Wykerin, die als Kind ins Haus Osning kam, aus ihrer Erinnerung. Wenig Geld, vier Kinder, eine harte Mutter, unzufriedene Ehefrau und ein vielleicht eher weicher, verletzlicher Mann, der im Trinken Vergessen suchte. Ohne Ausbildung und einen gelernten Beruf nahm Julius Osning die Arbeit an, die er bekommen konnte. So gehörte er 1913 zu den Wyker Männern, die die Steine des alten, abgebrochenen Reedereigebäudes putzten, aus denen das Haus „Poggfred" (heute: neben dem Restaurant „Godewind") später gebaut wurde. Für tausend Steine erhielt er 3,50 DM. Als seine Kollegen wegen der niedrigen Bezahlung streikten, soll Großmutters Vater ans Rednerpult gegangen sein und sie mit dem Hinweis auf ihren Tagesverdienst von immerhin 7 DM wieder zum Weiterarbeiten bewegt haben. Zuhause scheinen seine diplomatischen Fähigkeiten auf wenig fruchtbaren Grund gefallen zu sein. Meine Großmutter erzählt noch heute von den lauten Auseinandersetzungen ihrer Eltern, die sie als junges Mädchen aus dem Haus trieben. „Ich konnte es nicht mehr hören", sagte sie mir. Mit 51 Jahren ist Julius Osning am Herzschlag gestorben. Seine jüngste Tochter, meine Großmutter Agnes, war 15 Jahre alt als ihr Vater auf dem Boldixumer Friedhof zu Grabe getragen wurde. Ich habe sie gefragt, ob sie sich daran erinnert. Sie hat nur „ja" gesagt, mir aber darüber nichts weiter erzählt. Viel gegenwärtiger war ihr das Verhalten der Mutter, die sie gleich danach „in Stellung" gab, um am eigenen Tisch weniger Esser zu haben. Pauline Osning kommt in den Erinnerungen ihrer Tochter nicht gut weg. Sie erzählt von ihr stets in Bitterkeit, und ich kenne meine Ahnin aus ihren Berichten nur als eine strenge und harte Frau, die ihren Kindern keine Liebe zeigte, herrisch, ja böse war. Auf dem gemeinsamen Bild mit ihrem Mann trägt Pauline als junge Frau der Mode entsprechend ein hochgeschlossenen Kleid und die Haare straff zurückgekämt. Sie sitzt kerzengerade und guckt den Betrachter an, wobei sie ihn eher abweist als sich ihm zuzuwenden. Eine Berührung mit ihrem Mann, der neben ihr sitzt, ist nicht erkennbar.

Das Haus in der Süderstrasse

In den ersten Januartagen des Jahres 1901 wurde meine Großmutter geboren. „An einem Sonntag in der Mittagsstunde“, schreibt sie. Sie war das jüngste Kind und die dritte Tochter ihrer Eltern Pauline und Julius Osning. Sie lebten damals in einem Haus in der Wyker Süderstraße, das heute noch steht.

Die Familie besitzt ein kleines Ölbild des Geburtshauses meiner Großmutter. Föhr war ein beliebtes Ziel für Künstler. So verbrachte auch der Maler Otto H. Engel viele Sommer arbeitend auf Föhr und machte sich malend zum Chronisten des Insellebens. Andere, die nicht so

Meine Großmutter (rechts) mit ihren Geschwistern Anna, Sievert und Jenny (von rechts).

Die alte Süderstraße, wie meine Großmutter sie noch kannte (rechts im Hintergrund die Pumpe).

berühmt waren, boten den Einheimischen und Gästen ihre Dienste an, malten Porträts, Häuser, Gärten und Haustiere. So entstand wohl auch das Bild des Hauses in der Süderstraße. Meine Großmutter erzählte einmal, sie hätten es für ein paar Groschen von einem über die Insel ziehenden Maler gekauft.

Das Bild des unbekannten Künstlers zeigt ein kleines, im Schatten eines großen Baumes stehendes Haus mit roten Dachziegeln und grünen Fensterläden. Im Hof erkennt man vor einem kleinen Schuppen eine grüne Pumpe mit einigen davorstehenden Wassertrögen. Deutlich mag man die Uhr des Wyker Glockenturms schlagen gehört haben, als meine Großmutter zur Welt kam, denn er steht nicht weit entfernt von ihrem Geburtshaus. Im Laufe des Jahrhunderts hat es sich mit seinen Bewohnern verändert und gehört heute einer bekannten Wyker Familie. Die Süderstraße aber führt noch immer von der Badestraße schnurgerade hinunter an den Sandwall und gibt den Blick über das Meer hinweg frei bis zum Horizont. An schönen Tagen sieht man die Nordsee schon blau hinter den Bäumen liegen, wenn man oben an der Badestraße um die Ecke biegt, und die weißen Fähren auf dem Weg nach Dagebüll und Amrum fahren gemächlich und zum Greifen nahe durch dieses Bild hindurch.

Die Straße, in der meine Großmutter geboren wurde, war eine Straße zum Wohnen, auch wenn man auf einer alten Postkarte eine Holzhandlung erkennt und weiß, daß es dort auch einen Fischhändler gab. Der Gehweg ist schon gepflastert, die Straße aber nicht, und so hat der Ostwind so manche Staubwolke die Straße hinaufgejagt, an Türen und Fenstern gerüttelt und an der Wäsche auf den Leinen gezerrt. Die Häuser sind teilweise umrankt von Efeu, die Fenster stehen an diesem sonnigen Tag offen, ein Fahrrad lehnt an der Hauswand und an der Ecke zur Mühlenstraße steht eine der großen, öffentlichen Wasserpumpen, von denen die einzige noch erhaltene heute in der Carl-Häberlin-Straße zu finden ist. Fast zweihundert Jahre trafen sich die Wäscherinnen, die Straßenspritzer und die Frauen aus den umliegenden Häusern an der Pumpe. Ihr Wasser galt als ungewöhnlich gut und soll für einen „besonders wohlschmeckenden und goldgelben Tee" gesorgt haben, der „nicht zu übertreffen war".

Maler Stockfleth

Der Wyker Glockenturm, die alte Hafeneinfahrt, ein Wrixumer Friesenhaus und ein Segelschiff vor Wyk – kleine Stockfleth-Bilder, die sich noch heute im Besitz der Nachkommen von Großmutters Schwestern befinden. Im Gegensatz zu ihrer finanziell besser ausgestatteten Schwester Jenny, konnte meine Großmutter dem alten Maler in der Süderstraße keines seiner Bilder abkaufen. Aber sie erzählte mir manchmal von ihm, denn schließlich wohnte er in der Süderstraße, wo doch ihr Geburtshaus stand, und außerdem war Julius Stockfleth (1857–1935) für sie immer „der" Wyker Maler.

Als junges Mädchen sah sie ihn oft in der Stube seines kleinen Hauses mit den niedrigen Decken und kleinen Fenstern sitzen und fragte sich so manches Mal, wie er es eigentlich schaffte, in diesem schummrigen Licht so herrlich sonnige, heitere und farbenfrohe Bilder von ihrer Heimatinsel anzufertigen. Nicht, daß sie ihn besucht und seine Aquarelle, Ölbilder und Skizzen angeschaut hätte! Nein, das hätte sie nie gewagt! Kunst, das war etwas für die Männer mit den steifen, weißen Kragen, den großen Geschäften, den hübschen Häusern und in Seide gekleideten Ehefrauen, die ihr Hündchen den Sandwall entlang spazieren führten, während der Nachwuchs vom Kindermädchen in den Mittagsschlaf geschaukelt wurde. Aber es war ja bekannt, daß Julius Stockfleth die Bilder, die er verkaufen wollte, ins Fenster stellte, und so machte meine Großmutter manches Mal einen kleinen Umweg, um Stockfleths Föhrer Dorfstraßen, Halligstimmungen und Schiffsbilder anzusehen. Und dabei konnte es passieren, daß der Künstler seinen Blick von seiner Arbeit hob und ihr mit einem freundlichen Lächeln zunickte. „Das kann aber nur im Herbst oder Winter gewesen sein, wenn keine Badegäste auf Föhr waren“, meinte meine Großmutter einmal. Sonst standen sie nämlich oft so dicht vor seinen Scheiben, daß sie ohne ihre kleine, private Kunstschau weitergehen mußte. Manchmal sah meine Großmutter die Tür des kleinen Hauses aufgehen und einen Herrn oder eine Dame mit einem kleinen Päckchen unter dem Arm heraustreten. Zufrieden lächelnd gingen sie davon, während sich im Haus der Künstler wieder an seine Arbeit machte.

Julius Stockfleth malte aber nicht nur die kleinen Erinnerungsbilder für Badegäste und nach Amerika ausgewanderte Insulaner, die ihre Heimat wieder einmal besuchten, er nahm auch Aufträge für so große Ölporträts wie das des Föhrer Kapitäns Doorentz an oder er fertigte in monatelanger Arbeit ein ganzes Buch von Federzeichnungen im Auftrag des Konsuls Martens an. Auch Schiffsbilder gehörten zu seinen Arbeiten. So malte er auch den im Jahre 1908 gebauten Dampfer „Föhr-Amrum“ der Wyker Reederei. Im Jahre 1985 wurden von diesem Bild fünf Exemplare nachgefertigt, um sie anläßlich des hundertjährigen Reedereijubiläums den direkten, noch lebenden Nachkommen der beiden Reedereigründer Volquardsen und Boetius zu überreichen. Und so kam meine Großmutter, die Enkelin von Sievert Broder Volquardsen, doch noch zu einem Stockfleth-Bild.

Am Hafen

Die Kinderwege meiner Großmutter führten immer wieder zum Wyker Hafen, wo es jeden Tag so viel zu sehen gab. Mit ordentlich vorgebundener Schürze und fliegenden Zöpfen hüpfte sie an der Hand ihres älteren Bruders Siewert am Sandwall entlang. Das sonnig-windige Wetter hatte der Ostwind gebracht, der die letzten Pfützen austrocknete und nun kleine Staubwolken vor sich hintrieb. Vorbei am „Kurhaus“, Waldemar Linds „Strand-Bazar“ und dem „Chocoladen-Geschäft“ an der Ecke zur Mittel-

Der alte Wyker Hafen. Am „Helling-Haus“ (links) führt heute, sozusagen durchs Wasser, die Straße zu den Inseldörfern vorbei.

straße kamen die Geschwister an der hohen Bogentreppe vor dem Haus des Mannes vorbei, der erst vor einigen Tagen bei ihren Eltern gewesen war, um nach alten Gegenständen aus dem Besitz ihrer Hallig-Vorfahren zu fragen. Die kleine Agnes konnte auch diesmal nicht einfach an der Treppe vorbeigehen. Sie machte sich von der Hand ihres Bruders los, lief mit kleinen, schnellen Schritten hinauf und schaute begeistert auf ihren Bruder hinunter, der ihr zurief: „Paß bloot op, dor wahnt de Professor!“

Seine brüderliche Ermahnung aber verlor sich schon in dem Lärm der Wyker Werft, der den Sandwall hinaufschallte. Hammerschläge und Sägen, die sich durch dicke Planken fraßen, die Rufe der Schiffszimmerer, das Wiehern der Pferde vor den mit Holz beladenen Fuhrwerken, die lauten Flüche des Reepschlägers, der seine Schiffstaue noch nicht abladen konnte, das Tuten der einlaufenden Schiffe, die Befehle des Hafenmeisters und das Geschrei der Möwen vermischten sich mit dem Geruch von Fisch, altem Hafenschlamm und heißem Teer, als die kleine Agnes mit ihrem Bruder beim „Hotel zur Börse“ um die Ecke bog. Ein großes Schiff, dessen Bug sich in der Höhe eines Hauses vor ihr auftürmte, lag „op de Helling“. Unter den Rufen der begeisterten Zuschauer auf dem

Blick in die alte Wyker Hafenstraße. Rechts ein haushohes Schiff auf der „Helling“, wie meine Großmutter es oft sah.

Platz vor der „Börse“ hatten viele kräftige Männer und Wyker Jungs, die dafür extra schulfrei bekommen hatten, den schweren Schiffskörper vor einigen Tagen auf die Helgen gezogen. Dort lag es nun zur Reparatur, bevor es den Wyker Hafen wieder verlassen und seinen Kurs die Küste entlang Richtung Hamburg nehmen konnte. Aber nicht nur repariert wurde auf der Wyker Werft, auch so große Schiffe wie die „Henriette“ wurden hier gebaut, und manche fuhren bis nach England, Südamerika und sogar um Kap Hoorn, das alle Seeleute fürchteten. Jetzt, zur Sommerzeit, war es etwas ruhiger auf der Helling, im Winter aber wurde gezimmert, ausgebessert, repariert, gestrichen und erneuert. Dann lagen auf allen vier Hellingen Segelschiffe und Dampfer der Reederei ihres Großvaters Volquardsen. Der erste hatte „Nordfriesland“ geheißen, viel besser aber gefiel Agnes der 1907 gebaute Dampfer „Wyk-Föhr“ mit dem vornehmen, roten Plüschsalon für die Reisenden der ersten Klasse.

Und während Agnes' Bruder den Jungs, die vor dem „ Hotel Fährhaus“ darauf warteten, den vornehmen Gästen die Koffer zu tragen, etwas zurief, erspähte sie das Schiff von „Jan Appel“, der mit einer Ladung Äpfel vom „Alten Land“ die Elbe hinauf gefahren war und nun sein Obst im

Wyker Hafen verkaufte. Er machte mit seinem „Apfelschiff" immer am gleichen Platz fest. Aber nicht deshalb erinnerte sich die kleine Agnes an ihn, sondern weil er ihr auch schon einmal einen großen, saftigen Apfel geschenkt hatte. Ein Stückchen weiter den Hafen hinunter hatten die Schiffe von Dagebüll vor dem Güterschuppen angelegt, um ihre Ladung zu „löschen". Säcke mit einem Gewicht bis zu 200 Pfund hatten die Männer auf ihren Schultern über die Holzplanken der Dagebüller Mole zum Schiff getragen; in Wyk wurden die so angelieferten Lebensmittel nun auf die gleiche Art wieder ausgeladen. Agnes' Bruder kannte einige der Männer, wechselte ein paar Worte mit ihnen und zog seine Schwester weiter zum Kohlenschiff, vorbei am strengen Hafenmeister, der Kinder nicht

Zwei Wyker am Hafen: Jens Moos (eigentlich „Jensen", aber er handelte mit Moos) und Kunje Butt.

Der Wyker Hafen und die Hafenstraße bei Hochwasser.

gerne sah hier unten am Hafen. Oben, an der Straße nach Boldixum hatten die Heymanns ihr Holz- und Kohlengeschäft, und die meisten Insulaner kauften dort. Manche aber holten ihre Kohlen direkt mit dem Wagen vom Schiff ab und erhielten – gegen eine Flasche Köm – auch besonders große Stücke und nicht so viel kleinen „Kohlenkrümmelkram".

Das Geschepper der leeren Marmeladen- und Honigeimer, die zum Lieferanten zurückgeschickt und aufs Schiff geladen wurden, hatte Agnes noch im Ohr, als sie auf ihrem Rückweg vor dem mächtigen „Hellinghaus" stand, dessen Pfosten aus der Holzladung eines vor Sylt gestrandeten Schiffes stammen sollten. Hinter den vier Fenstern zur Hafenseite lag das Wohnzimmer des Werftbesitzers, der von dort aus seinen ganzen Betrieb im Auge hatte und bei klarem Wetter bis nach Dagebüll und zu den Halligen hinüberschauen konnte. Über hundert Jahre gehörte das „Hellinghaus" zum Wyker Hafen, und viele alte Wyker wie meine Großmutter bedauerten später den Abriß dieses Gebäudes, mit dem so viele Erinnerungen aus der Kinderzeit verbunden waren. Gleich hinterm Haus begann der Deich, auf dem Einheimische und Badegäste in besonders schönen Abendstunden weit über das Zollhaus hinausspazierten –

sozusagen zwischen der grünen Marsch auf der einen und der blauen Nordsee auf der anderen Seite. Im Sommer war der Hafen ziemlich leer, denn alle Segler lagen vor dem Sandwall auf Reede. Im Winter aber sah man sie dicht an dicht nebeneinander am Hafendeich vor dem Zollamt liegen.

Geschoben von einer kräftigen Windboe, die die Schürze der kleinen Agnes hochfliegen ließ und unter die Jacke ihres Bruders fuhr, der zu ihrem Vergnügen plötzlich wie aufgeblasen aussah, liefen sie vorbei am „Hotel zur Börse“ und den davor wartenden Kutschen. Eigentlich war es Zeit, nach Hause zu gehen, und so beeilten sie sich auf ihrem Weg die Hafenstraße hinauf. In der Nähe vom „Haus der Landwirte“ fand wieder der Viehmarkt statt, und dort gab es immer viel zu sehen…

„Een Schneck“

Es ist schon eine ganze Zeit vergangen, seit meine Großmutter das letzte Mal den Weg nach Wyk zu Fuß machte. Sie wohnte gar nicht weit entfernt von den Läden, wo sie immer einkaufte, aber vor einigen Jahren wurde ihr die Strecke zu lang. Die Beine wollten nicht mehr so richtig, manchmal war ihr etwas schwindlig und sie hatte Angst, sich so weit von ihrem Zuhause zu entfernen. Daraufhin brachte ein Lebensmittelhändler aus dem Ort einmal wöchentlich, was sie brauchte; das Übrige besorgten wir.

Mich machte diese Verkleinerung ihres Bewegungsraumes etwas traurig, denn ich konnte mich noch genau erinnern, daß ich ihr oft in Wyk begegnet war. Schon von weitem sah ich meine Großmutter in ihrem alten Mantel, das Kopftuch umgebunden und in der einen Hand den Regenschirm, in der anderen die Einkaufstasche, die sie stets so ganz typisch im Rhythmus ihres Ganges hin- und herschwenkte. Und immer wurde sie gegrüßt, blieb stehen zu einem kleinen Schnack (wenn sie in Stimmung dazu war!), hörte das Neueste und sprach von früher. Jahrzehnte gehörte sie zum Bild der Insel. Die Männer auf den Schiffen, der Inselfotograf, die Nachkommen der Frauen, mit denen sie zur Schule gegangen ist – alle kannten sie. Viele sind schon tot, obwohl sie doch lange nach meiner Großmutter geboren wurden.

Das Altenheim, in dem sie jetzt lebt, hat Großmutters Lebensraum noch einmal eingeschränkt, auf eine andere Art aber auch erweitert. Denn seit man in Wyk weiß, daß Agnes nun dort lebt, kommen manche Insulander, die eigentlich jemanden anderes besuchen, in ihr Zimmer auf ein kleines Gespräch. So auch der Sohn des ehemaligen Kolonialwarenhändlers Braren aus der Großen Straße, mit dessen Mutter sie zur Schule gegangen ist. Die Bravste scheint Martha, die Tochter des Bäckermeisters und Besitzers von „Meesenburgs Wiener Café“ in der Mittelstraße (heute: Bäcker Hansen), nicht immer gewesen zu sein, denn der Lehrer verdonnerte sie mal wieder zu einer Stunde Nachsitzen. „Agnes, kannst du das nicht für mich übernehmen?“ bat sie ihre Klassenkameradin, meine Großmutter. Die willigte gerne ein, denn sie wurde nicht zum ersten Mal reichlich für diesen Gefallen belohnt. „Du bekömst ok een Schneck“, versprach die Tochter des Bäckermeisters; und auch diesmal lief Agnes nach abgesessener Strafe zu Meesenburgs und erhielt ihre Belohnung – eine süße, noch warme Schnecke aus der Backstube Meesenburg.

Im Elternhaus meiner Großmutter gab es solche Köstlichkeiten nie, und sie erzählte mir einmal, daß sie noch heute den wunderbaren Geschmack dieses Gebäcks auf der Zunge habe.

Am Sandwall

Der Beginn der neuen Badesaison machte sich stets zuerst am Sandwall bemerkbar: Spätestens Anfang Mai standen vor den Häusern die ersten weiß gescheuerten Verandabretter in der Sonne zum Trocknen, und nicht lange danach wurden die Schilder „Hier sind Zimmer zu vermieten“ in die Fenster gehängt. Dort, wo heute die Sommergäste entlangpromenieren, Straßencafés zum Tee den Blick auf die Nordsee und die am Horizont aufgereihten Halligen anbieten, die Menschen auf windgeschützten Bänken die Sonne genießen und die Kurmusik an die Zeit erinnert, als vor über hundert Jahren im kleinen Pavillon den ganzen Sommer über die Prager Musikanten spielten, sah es in der Jugend meiner Großmutter ganz anders aus.

Der Sandwall war noch das, was sein Name sagt: ein Wall aus Sand zwischen dem Meer und den ersten bewohnten Häusern am Ufer. Die zum Wasser abschüssige Böschung war wie heute mit Gras bepflanzt, Holzgehwege führten an den weißen, viereckigen Badezelten vorbei zum Strand hinunter. Wer zu den „gut Betuchten“ gehörte, hatte es nicht weit zum Strand, denn die bevorzugten Quartiere wie „Villa Clara“, „Fern-

Der „Strand-Bazar" von Waldemar Lind.

sicht", das der Familie meiner Großmutter gehörte, und das „Privat-Logierhaus Bellevue", dessen Garten einst zu den schönsten der Insel gehört hatte, lagen direkt an der Promenade. Wenn die Badegäste gegen abend wieder in ihre Quartiere zurückkehrten, gingen sie den damals noch ungepflasterten Sandwall entlang, studierten vielleicht die Theaterzettel, die ein paar Wyker Jungs morgens an die Bäume gebunden hatten oder nahmen eine kleine Erfrischung an den weißen Tischen vor dem „Kurhaus" zu sich. Die Damen erledigten später noch einige Einkäufe im „Strand-Bazar" von Waldemar Lind (heute: Insel-Café), während sich die Herren im „Salon für Haareschneiden, Frisieren und Rasieren" nebenan für die abendliche Promenade noch einmal kurz überrasieren ließen und die Kinder sich am „Stollwerk"-Automaten, den Waldemar Lind vor seinem Geschäft aufgestellt hatte, zwischen Vanille-Schokolade, gebrannten Mandeln oder den bunten Bonbons entscheiden mußten. Abends „lustwandelte" man auf dem Sandwall und freute sich an den vielen, vielen Lampions, die tagsüber von „Boom to Boom" aufgehängt worden waren und als „Laternenabende" in die Erinnerungen vieler Gäste und Einheimischer eingingen. Zu den ganz besonderen Vergnügungen

Das Kurhaus am Sandwall.

der Sommergäste aber gehörte das Feuerwerk, das von einem vor dem Sandwall auf Reede liegenden Schiff abgebrannt wurde und die Nordsee zu einem Meer aus Licht werden ließ.

Nicht nur in den guten Privatunterkünften, auch in „Deppes Hotel", bei „Redlefsen" und im „Hotel zum Kronprinzen" konnten die Gäste einiges an Komfort erwarten: Wasserklosetts im Hause, elektrisches Licht, bedeckte Veranden, Haustelegraphen und Extrazimmer für das mitgebrachte Personal. Man wohnte direkt am Sandwall, genoß den freien Blick zum Strand und auf das Wasser. Und wer den Sandwall einmal für sich haben wollte, der stand früh am Morgen schon auf und konnte von der Dampferbrücke aus erleben, wie „de Sün bi Oland ut de See kreep". Mancher lief danach ganz „deepsinnig" nach Hause und sprang plötzlich aufgeschreckt zur Seite, weil ihn ein kalter Strahl aus der Gießkanne getroffen hatte. Damals sprengte noch jeder Hausbesitzer den staubigen Sandwall vor seiner Tür.

Unter den noch jungen Ulmen, die am Ende des Jahrhunderts einem Schädling zum Opfer fallen und dem Sandwall damit für viele Jahre sein typisches Bild nehmen werden, luden Bänke zum Ausruhen und zu gepflegter Unterhaltung ein. Sie waren „Nur für Kurgäste“, und der Promenadenwärter paßte auf, daß sich kein Einheimischer dort niederließ. Und wer sich nach einem reichlichen Fischessen lieber ein wenig die Beine vertreten wollte, promenierte an den Häusern der Einheimischen vorbei, die zur Abendstunde gerne draußen saßen. Fotos von damals zeigen vor jeder Haustür Bänke und Stühle, manchmal sogar Tische. Sie standen auf der Straße, wenn die Eigentümer nicht über eine Veranda verfügten. Die erst später verglasten Holzvorbauten schützten vor Wind und Regen, boten Platz und Ruhe zum Sitzen, Gucken, Handarbeiten, Lesen und „Klönschnacken“. Das Elternhaus meiner Großmutter am Sandwall 72 hatte im Erdgeschoß eine offene, efeuumrankte Veranda, darüber im ersten Stock einen ähnlichen Vorbau, der wohl extra für die Badegäste angebracht wurde. Es gehörte schon zu den moderneren Häusern, denn auf ganz alten Fotos tragen manche noch ein Reetdach, sind nicht sehr groß und sehen wie Häuser der Inseldörfer aus. Sie wurden mit der Zeit verdrängt von geräumigeren und komfortableren Bauten, die dem Sandwall sein damals typisches Aussehen gaben. Die Gärten lagen hinter den Häusern, von wo man einen freien Blick über die Felder zur Mühle der Dichterin Stine Andresen hatte. Auf der gegenüberliegenden Straßenseite war an manchen Stellen des Sandwalls auch schon gebaut worden. Die Gärten dieser

Die Häuser am Sandwall mit ihren Gärten zum Strand hin.

Der Sandwall um 1900, vorne rechts der „Nordfriesische Hof".

Häuser lagen zum Strand hin und bescherten den Bewohnern nicht nur einen unvergleichlichen Blick, sondern auch das Gefühl, an einem Platz zu wohnen, dessen Grenze nur der weite Horizont war. Später wurden diese Gärten verkleinert, damit der Sandwall als Promenade am Strand entlang in Richtung Südstrand fortgeführt werden konnte. Und so ging denn der Weg an der Pension „Fernsicht" (heute: „Café Valentino") und dem „Seehospiz" (heute: Hamburger Kinderheim) vorbei Richtung Olhörnfeuer, dessen Petroleumlampen den Seefahrern nur ein kleines, „man bannich kümmerliches" Licht zur Orientierung entgegenschickte. Da half es auch nichts, daß manche Wyker Jungs dem alten Leuchtturmwärter Peter Clausen beim Wischen und „Wienern" der Gläser halfen. Ein Stückchen weiter des Wegs konnten Spaziergänger für eine kleine Erfrischung in die „Strandhalle" einkehren, wo man sogar etwas zum Essen bestellen konnte. Und wem es jetzt der „Villen-Kolonie Südstrand" entgegen zu „pustig" wurde, der kehrte um und drehte noch eine Runde auf dem Sandwall, vorbei am Haus „Rungholt" des Herrn Gerichts-Sekretärs Schau, dem Warmbadehaus von Georg Weigelt (heute: Café Milchbar) zum

„Conversationshaus“ (heute: Kurgartensaal). Ein Stückchen weiter eröffnete „Jokel“ Steigleder im Jahre 1918 sein Café mit den windgeschützten Sitzplätzen auf der Glasveranda, von der man wunderbar auf die „Dampferbrücke“ (Mittelbrücke) schauen konnte. Zusammen mit seiner Frau Thekla, die man nie ohne ihre drei Hunde sah, von denen sie den einen sogar beim Kuchenschneiden unter ihrem Arm trug, versorgte er die Badegäste mit süßen Leckereien, Eisbomben und Kaffee.

Die Sommersaison in diesen Jahren war kurz, von Mitte Juli bis Ende August. Außerhalb dieser Zeit kamen nur wenige Gäste auf die Insel. Sie waren bei den Einheimischen auch überhaupt nicht beliebt und galten als „Luftschnapper“, die nur billig essen und trinken wollten.

Miele Gosche

Zu den heute legendären Föhrer Frauengestalten, die meine Großmutter in ihrem fast hundertjährigen Leben traf, gehört auch Emilie Peters. Bekannt geworden ist die Tochter eines Nieblumer Bäckers unter dem Namen „Miele Gosche“.

Ein Foto von ihr in unserem Familienalbum zeigt eine eher kleine, aber energisch daherkommende Frau. Es ist alles dunkel an ihr: die Schuhe, die wollenen Strümpfe, der weite wallende Umhang und ihre Witwenhaube. Die Haare sind weiß, und es sieht so aus, als ob sie eine kleine Brille trägt, genau ist es aber nicht mehr zu erkennen. Der Henkelkorb, den sie stets bei sich trug, ist unter ihrem weiten Umhang verschwunden. Im Hintergrund steht eine Kutsche unter mächtigen Bäumen vor einem Friesenhaus. Mag sein, daß das Bild in Boldixum aufgenommen wurde, denn dort lebte Miele Gosche nach ihrer Rückkehr von den Goldgräberfeldern in Kalifornien. Ein halbes Jahrhundert vor der Geburt meiner Großmutter war sie als sehr junge Frau ihrem Mann dorthin gefolgt. Gegraben hat sie nicht nach Gold, es aber trotzdem bekommen. Die Männer, für die sie die Wäsche wusch, Näh- und Flickarbeiten übernahm, zahlten mit „Nuggets“. Schriftsteller wie Mark Twain haben erzählt, wie hart das Leben in diesen Goldgräberstädten war und das Auftreten der Frauen als Salondamen, Sängerinnen und Betreiberinnen einschlägiger Etablisments beschrieben. Das ist nur die eine Seite; die andere erlebte Miele Gosche. Mit einem Handkarren umherziehend, um den Männern die Dinge des täglichen Gebrauchs zu verkaufen, hörte und sah sie viel, lebte aber trotzdem abseits von Goldgräbereuphorie, lockendem Vergnügen, schneller Liebe und großem Geld. Sie war eine verheiratete Frau mit Familie.

Als ihre Tochter schulpflichtig wurde, kehrten Miele Gosche und ihr Mann zurück nach Föhr und kauften sich das Haus in Boldixum. Inzwischen ist es längst abgerissen, meine Großmutter aber weiß noch genau, wie es dort aussah, und vor allem, wie es dort zuging. Von Wyk kommend, lief sie direkt auf Miele Gosches Haus zu, denn es stand am Ortseingang des Dorfes, wo sich heute der Gedenkstein „500 Jahre Boldixum“ befindet. Miele Gosche ist ihrem Gewerbe aus Goldgräberzeiten treu geblieben. In ihrem Haus, das sie und ihr Mann nach der Rückkehr aus Kalifornien mit den „Nuggets“ bezahlten, richtete sie einen kleinen Laden und eine Gaststube ein. Viele Geschichten sind damit verbunden, und ich erinnere mich, daß meine Großmutter oft beim Tee von dieser ungewöhnlichen Föhrerin erzählte. Die Kinder des Dorfes liebten es, bei ihr Bonbons zu kaufen, sich in dem schummrigen kleinen Raum mit den vielen Gegenständen und Gerüchen umzuschauen. Miele Gosche war den ganzen Tag dort anzutreffen, und mancher ging nicht hinein, um etwas zu kaufen, sondern auf einen kleinen „Klönschnack“, denn Miele hatte nicht nur viel erlebt und gesehen, sie wußte auch bestens über das Dorf und seine Menschen Bescheid. Ihr Lächeln soll verschmitzt, ja schalkhaft gewesen sein, und so manche Geschichte, die man sich über sie erzählt, bestätigt das.

Neben ihrem kleinen Laden betrieb sie in der anderen Hälfte ihres Hauses eine Gastwirtschaft. Auf der langen Holzbank saßen die Gäste, tranken Teepunsch und Grog, unterhielten sich und brachten der Wirtin die neuesten Nachrichten aus Wyk mit. Nach oft langen Abenden ließ sie erst spät das Feuer ausgehen, schickte den letzten Gast nach Hause und begab sich zu Bett. Daß sie eines Nachts bald wieder herausgeklopft wurde, hat meine Großmutter oft lachend erzählt. Ein paar durstige junge Männer fühlten sich außer stande, den restlichen Heimweg ohne einen stärkenden Grog bei Miele Gosche anzutreten und machten sich lautstark bemerkbar. Miele guckte hinter der Gardine hervor, erkannte die späten Gäste und ließ sie herein. Den großen Umhang über ihr Nachtkleid geworfen, löste sie das Problem des heißen Wassers für den Grog schnell, obwohl der Ofen schon einige Zeit aus war. Sie holte die Wärmflasche aus ihrem Bett und verteilte den Inhalt in die bereitstehenden Groggläser . . .

In Stellung

Orte wie „Blankenese“ und die berühmte „Elbchaussee“, die Kontore der Hamburger Speicherstadt und die Namen der alten hanseatischen Kaufmannsfamilien gehörten für die Menschen in Norddeutschland schon immer zusammen mit Reichtum, Erfolg und Tradition. Und wenn meine Großmutter uns früher erzählte, sie habe als junge Frau ihre Heimatinsel verlassen, um nach Hamburg zu gehen, wo sie an manchen Sonntagen den Jungfernstieg entlangspazierte und an der Alster den frischen Wind genoß, dann sah ich sie immer auf eine ganz bestimmte Weise vor mir: Der feine, leichte Stoff ihres Kleides gab dem Spiel des Windes nach und hatte die Farben des Nordens – blau, grün und weiß. Vor meinen Augen verschwammen die Konturen, und die Gestalt der jungen Frau an der Alster schien mit ihrer Umgebung zu verschmelzen. Über ihre Schulter hatte sie ein Tuch gelegt, dessen Farben im wechselnden Licht der Sonne, die plötzlich hinter den Wolken verschwand und gleich wieder auftauchte, changierten und meine Vorstellungen von etwas nährten, was ich nicht kannte.

Großmutters Leben hatte mit meinen Mädchenphantasien nichts zu tun. Voll Bedauern und Bitterkeit sprach sie davon, daß sie nur wenige Jahre zur Schule gehen durfte, obwohl sie so gerne noch mehr gelernt hätte. Die ärmlichen Verhältnisse, in denen sie und ihre Geschwister aufwuchsen, verboten solche Wünsche ebenso wie die rigorosen Anweisungen ihrer Mutter. Und während die Töchter der wohlhabenderen Wyker Familien ihre Nachmittage mit Handarbeiten, am Klavier und mit Spaziergängen auf der Promenade verbrachten, um sich unter den wachsamen Augen ihrer Mütter als ehetauglich zu präsentieren, lag die junge Agnes auf den Knien im „Haus Tanneck“ und schrubbte die Böden. In aller Herrgottsfrühe stand sie jeden Morgen auf, heizte die Öfen an, schleppte schwere Wasserkessel und saß in der Küche weinend über eine tote Ente gebeugt, die sie fürs Mittagessen rupfen und ausnehmen sollte, aber nicht wußte wie.

Neben den bekannten, feinen Adressen für vornehme Gäste, wie „Redlefsens Hotel“, das schon Könige beherbergt und entsprechend hohe Preise hatte, gab es viele „Privat-Logier-Häuser“ in Wyk. Für die Inselmädchen, die es sich nicht leisten konnten, bei feinen Stickereien auf den „Richtigen“ zu warten, waren sie eine gute Gelegenheit, Geld zu verdienen, ohne ihre Heimatinsel verlassen zu müssen. Putzhilfen und Küchen-

Großmutter Agnes als junges Mädchen.

mädchen, Wäscherinnen und Büglerinnen wurden besonders im Sommer gebraucht, und so kam meine Großmutter in der „Pension Guth" am Sandwall, nicht weit entfernt von ihrem Elternhaus, „in Stellung". Daß sie dort auch gleich in einem winzig kleinen Kämmerchen ihr Bett hatte, kam ihrer Mutter sehr gelegen. Ihre Tochter war nicht nur versorgt, sie brachte auch noch etwas Geld nach Hause und belegte keinen Schlafplatz. Schließlich vermietete Pauline Osning auch an Badegäste, und da mußte die Familie im Sommer sowieso ihre Stuben räumen, die eigenen

Habseligkeiten in Kisten packen und bis zum Herbst auf dem Boden verstauen. Agnes hatte Glück: Die „Pension Guth“ war ein modernes Haus, das seine Zimmer in einem Prospekt der „Badeverwaltung Wyk“ als „vorzüglich eingerichtet“ empfahl und besonders auf die „geschützten Balkons und Veranden nach der See“ hinwies. Ganz neu, ja supermodern war das elektrische Licht! Aber auch die „Wasserklosetts“ und „Badezimmer im Haus“ sorgten für viele Sommergäste. Und damit sie mit ihrer Unterkunft zufrieden waren, sie weiterempfahlen und selbst auch immer wiederkamen, arbeiteten die jungen Hausmädchen von morgens bis abends für wenig Geld und mußten froh sein, jedenfalls diese Stellung zu haben. Obwohl meine Großmutter als Enkelin des Wyker Reedereigründers zur Welt kam, spielte sich ihr Leben nicht in Wohlstand und gesellschaftlicher Anerkennung ab. Die junge Pauline Volquardsen hatte „partout“ den als Waisenjungen aufgewachsenen Julius Osning heiraten wollen, der seine Familie als Arbeiter und Hausdiener durchbringen mußte. Die gemeinsamen Kinder lernten früh das harte Arbeiten.

Als die Zeiten schlechter und das Geld weniger wurde, die Sommergäste nicht mehr so zahlreich auf die Insel kamen und manches junge Mädchen ohne Arbeit blieb, ging meine Großmutter nach Hamburg „in Stellung“. In einem großen, vornehmen Kaufmannshaushalt in der Uhlandstraße gehörte sie zum „Gesinde“, dessen Aufgaben und Pflichten ebenso im „Gesindebuch“ peinlich genau vermerkt waren wie die geringe Freizeit (alle zwei Wochen ein paar Stunden!) und der monatliche Verdienst. Es war noch die Zeit, in der Häuser eines „gewissen Standards“ nicht ohne eine ganze Schar von Personal auskamen und man sich einig darüber war, daß „die Gemütlichkeit und der Friede des Familienlebens zum großen Teil von einer glücklichen Lösung der Dienstbotenfrage“ abhängig sei. Und so sorgten unterbezahlte und überarbeitete junge Frauen täglich 14 bis 18 Stunden und sieben Tage in der Woche für das Wohlbefinden und die häusliche Behaglichkeit ihrer Herrschaft, wenn sie Böden und Treppen scheuerten, das Silber polierten, bei den Waschtagen halfen, Schuhe putzten, Kleider ausbürsteten, Staub wischten, Fenster und Spiegel auf Hochglanz wienerten, bis in die Nacht hinein bügelten, Feuerholz schleppten und morgens als erste in der kalten Küche den Kaffee des Hausherrn aufsetzten, um ihn dann gleich nach dem Aufziehen der schweren Vorhänge im Schlafzimmer ihres Arbeitgebers zu servieren – und nicht jedes Dienstmädchen kam ohne anzügliche Bemerkungen oder handfeste Belästigungen wieder aus dem Zimmer.

In dem „Gesindebuch“ meiner Großmutter, das sie bis heute aufbewahrt hat, wurde keine weitere Arbeitsstelle eingetragen; schon bald verließ sie Hamburg und kehrte nach Föhr zurück. Schöne oder gar lustige Erinnerungen hat sie nicht mitgebracht, und viel erzählt hat sie auch nie. Wie ihre Schwestern Anna und Jenny arbeitete meine Großmutter auch als Kindermädchen beim Juwelier Okkens am Sandwall. Es war ein feines Haus mit einer noblen Einrichtung, in dem ein erfolgreiches Elternpaar mit seinen Kindern lebte, die sich entsprechend dem gesellschaftlichen Stand ihrer Eltern zu benehmen hatten. Sie alle liebten es, im Elternhaus ihrer Kindermädchen einen Besuch zu machen. Bei Pauline Osning, so erzählte mir Henny Held, geb. Okkens, gab es immer Brot mit Sirup, und das Spielen war dort viel schöner, denn es gab keine Teppiche und wertvollen Möbelstücke, auf die sie aufpassen mußten. Großmutters ehemaliger Schützling Peter gewöhnte sich seine aus den Kindertagen stammende Anrede für sie nie ab, und so begrüßte eines Tages der in meinen Augen doch nicht so viel jüngere 50jährige Mann sein inzwischen 65 Jahre altes Kindermädchen zu meinem Erstaunen mit den Worten „Moin, Tante Agnes".

Schifferbank

Sie hießen Hans Lund, Jens Jensen, Hermann Clausen, Paul Paulsen, Tedje Sönksen, Hermann Mölk und Sievert Osning. Auf der „Schifferbank" am Sandwall unter den großen Ulmen mit Blick auf das Meer saßen die Männer fast jeden Tag. Manchmal waren es nur zwei, drei, manchmal fast zehn. Und in den ganz alten Zeiten waren es immer nur die Schiffer, die auf der Bank saßen, denn die Steuerleute durften nur dabeistehen – und zwar hinter der Bank! Sie rauchten ihre Pfeifen, sprachen über Wind und Wetter, schauten rüber nach Dagebüll und zu den Halligen, erzählten sich die Neuigkeiten des Tages, berichteten von den Schiffen, auf denen sie gefahren hatten, und erinnerten sich an „de olen Tieden in Wyk". Und manchmal saßen sie auch einfach nur schweigend nebeneinander. Selten verirrte sich einmal ein „Unbefugter" dorthin, und wir Kinder machten die „Schifferbank" zwar oft als Treffpunkt aus, auf den Platz dieser alten Wyker Männer aber hätten wir uns nie gesetzt.

Die älteste Aufnahme in unserem Familienalbum stammt wahrscheinlich aus dem Jahre 1903. Fünf gestandene Männer sitzen auf einer langen Holzbank ohne Lehne und schauen mehr oder weniger freund-

Die Schifferbank am Sandwall.

Die Schifferbank in den 60er Jahren. Von links: Tedje Sönksen, Heinrich Jannsen, Matthias Lorenzen, Hermann Habenicht, Nis Hansen, Jonny Jürgensen, Heinrich Hinrichsen.

lich in die Kamera. Sie sind „Seebären", wie wir sie uns heute vorstellen: wettergegerbte Gesichter, lange, dunkle Bärte. Sie tragen alle festes, wetterbeständiges Tuch, eine Schiffermütze gegen Sturm und Regen, und mancher stützt seine Hände auf seinem Stock ab. Meine Großmutter kennt sie fast alle, ihre Lebensgeschichte und die Namen ihrer Schiffe, auf denen sie Jahrzehnte hinaus auf die Nordsee fuhren. Ein alter Wyker erzählt in seinen Erinnerungen, der zur Sommerfrische auf Föhr weilende Kronprinz Friedrich Wilhelm habe sich gerne mit dem Schiffer Michel Koopmann unterhalten und ihm eines Tages eine feine Zigarre angeboten. Der aber wußte, was sich gehörte, und lehnte sie ab mit den Worten: „Danke, Herr Kronprinz, ich hab was ins Maul" und schob zum Beweis zwischen seinen Zähnen ein großes, schwarzes Stück Kautabak durch.

Manchmal ist auf diesen Bildern von der Wyker Schifferbank ein Kind zu sehen, nie eine Frau. Die „Schifferbank" war ein Männerplatz, und wenn meine Großmutter dort vorbeiging, riefen sie ihr zwar „Moin, Agnes!" zu, aber zum Hinsetzen wurde sie von ihnen nicht aufgefordert.

Wenn man vor einigen Jahren von der Mittelbrücke hinauf zum Sandwall ging, lief man direkt auf die „Schifferbank" zu. Heute gibt es die „alten Wyker" nicht mehr, und dort, wo sie immer saßen, steht auch keine „Schifferbank" mehr. Der Klönschnack unter den gestandenen Wyker Männern aber ist bis heute ein Teil des Insellebens geblieben. Und so lange es keine neue Schifferbank gibt, stehen sie an manchem Sonntagmorgen ganz in der Nähe der alten „Schifferbank" in großer Runde vor „bu bu": der schon über 90jährige Elektromeister Arndt Boetius, der Friseur Hans Pohlmann, Heinz und Willi Sieck, Rolf Springer, Jonny Hansen, Günther Ehring, Horst Niemann und Karlo Triebel.

Strandleben

„Diese Insel würde ein guter Erfrischungsort sein!" hieß es schon 1785. Das erkannte ein halbes Jahrhundert später auch der dänische König und wählte Föhr als Ziel seiner ausgedehnten Sommeraufenthalte, denn diese Insel verfügt im Vergleich zu Amrum und Sylt über einen großen Vorteil: Weder hohe Dünen noch abschüssige, gefährliche Ufer liegen zwischen den Wohnungen und dem Strand. Die elegante Welt reiste dem dänischen König und seinem Gefolge schon bald hinterher. Der Dichter Hans Chri-

Sommer in Wyk, die Promenade vom Leuchtturm zum Hafen.

stian Andersen lobte das „unvergleichlichste Wasser", in dem er je gebadet hatte, der König schenkte Föhr tausend Ulmen für die Bepflanzung des Sandwalls, der „Königsgarten" entstand, und für den kleinen Ort Wyk wurde der Sommer zur wichtigsten Jahreszeit. Diese glanzvolle Zeit Föhrs als mondänes Seebad war schon lange vorbei, als meine Großmutter 1901 zur Welt kam. Die Freuden des Bade- und Strandlebens aber hatten inzwischen auch andere entdeckt. Blumenkorso und Wattenpolonaise, Strandburgenwettbewerbe, Segelregatten und die Badekarren erfreuten sich allergrößter Beliebtheit der nun immer zahlreicher eintreffenden Badegäste. Sie sorgten dafür, daß es auf Föhr nur noch drei Jahreszeiten gab: vor, in und nach der Saison. Das Herannahen der ersten, heißt es in einem 1873 erschienenen Büchlein über Föhr, „gibt sich überall in den Häusern kund, nämlich durch Farbgeruch. Innen und außen wird an den Wohnungen geputzt, daß was daran und darin beweglich und unbeweglich ist, ein neues Aussehen gewinnt." Und gleichzeitig zogen sich die Insulaner nun aus ihren Zimmern und Stuben zurück, machten Platz für die zu erwartenden Badegäste und schliefen den Sommer über in kleinen Hintergebäuden, Bodenkammern und Abseiten.

Föhrer „Badenixen", als die Badeanzüge nicht mehr ganz so voluminös waren und die Herren schon mehr zu gucken hatten.

Der weite Blick bis zum Horizont, die frische Luft und die Sonne am blauen Himmel steigerten bei den Neuankömmlingen unter den Badegästen schon bald merklich die Lebenslust. Manche Dame, die zunächst noch in prächtiger Garderobe den Sandwall entlangstolziert war, besann sich bald eines besseren und legte die etwas bequemere, aber genauso sittsame Kleidung an. Zu leger durfte es allerdings auch nicht werden, denn auf Sitte und Anstand mußte geachtet werden, und so badeten die Herren selbstverständlich von den Damen getrennt. Und manche konnte sich glücklich schätzen, den Herrn, der ihr so eindrucksvoll am Sandwall entgegenstolziert war, nicht im Badeanzug sehen zu müssen . . .

Den Stockmannsweg entlang „lustwandelte" man Richtung Südstrand und konnte sich eines angenehmen Windschutzes erfreuen, denn für die „zum Bad" wandernden Gäste hatte der Apotheker Stockmann von Volquardsens „Fernsicht" bis zum Olhörnfeuer Tannen (die ersten auf der Insel!) angepflanzt. Noch vor dem weiter entfernt liegenden „Herrenbad" erreichte man das „Damenbad" mit seinen zahlreichen am Strand aufgereihten Badekarren. Geschützt vor dem rauhen Westwind, der zuerst auf die Rückseite der Insel traf und dann auch noch von dem bebauten Ufer abgefangen wurde, verlebte man wunderbar erholsame Nachmittage am Strand, überließ sich dem wohligen Nichtstun und träumte in den Tag hinein. Wünschte eine Dame eine Erfrischung in den Nordseewellen, so bestieg sie eines der bereitstehenden Badehäuschen und zog in dessen warmer Enge ihren voluminösen, mit Volant und Rüschen besetzten und alles verdeckenden Schwimmanzug und die dazu passende Kopfhaube an. Das Hissen einer kleinen roten Flagge war das Zeichen für den Badewärter, der den Badekarren mit seinem Pferd nun hinaus ins tiefere Wasser zog. Dort wendete er, öffnete den Ausstieg zur Seeseite, und „Madame" konnte sich in die Nordseefluten begeben und die erfrischende Kühle des Wassers genießen, ohne von den Spaziergängern am Strand gesehen zu werden. Schon damals wurde das Nacktbaden aus Gesundheitsgründen empfohlen und so tauchten ganz Mutige unter ausklappbaren Schirmen, die jede Gefahr für Sitte und Anstand verhinderten, in die Wellen vor Föhr ein. Und wer ahnte schon, daß die Dienstmädchen der Pensionen am Abend zuvor die Nachteimer von der Mittelbrücke in die Nordsee gekippt hatten?

Auf alten Postkarten sind noch die Strandzelte zu erkennen, die bis vor dem ersten Weltkrieg alle in Privatbesitz waren und von ihren Eigentü-

Badekarren warten auf Gäste.

Links das „Hotel Redlefsen", in dessen Glasveranda sich während eines Sturms das Amrumer Segelboot bohrte.

mern, zu denen auch Großmutters Vorfahre Marius Krapp gehörte, für wöchentlich 3 DM vermietet wurden. Und wenn die Badegäste morgens ihr Zelt betraten, konnten sie sich darauf verlassen, Tische, Bänke, Stühle und Fußschemel ordentlich auf dem geputzten Holzfußboden vorzufinden. Und notfalls war sogar das Zelt über Nacht an seinen schadhaften Stellen wieder zusammengenäht worden.

Alte Wyker erzählten, daß sie um 1910 die ersten Strandkörbe im Sand bei der Mittelbrücke stehen sahen. Für ihre ordnungsgemäße Aufstellung und die Einnahme der Miete war der örtliche „Badekommissar" zuständig. Bald verdrängten die Körbe die Strandzelte und prägten das Bild vom Leuchtturm bis Strandhotel (nur das letzte Stück bis zum Hafen durften die Einheimischen benutzen). Sie gehörten wie die Sandburgen, der Spaziergang an der Flutkante, die im Wind flatternden Fahnen und die Sonne unter blauem Nordseehimmel zu den Erinnerungen der Sommergäste. Und manche erzählten noch lange von jenem fürchterlichen Auguststurm, als ein großes Segelschiff, daß sich vor Amrum losgerissen hatte, seinen Bug direkt in die Glasveranda des Hotels „Redlefsen" hineinbohrte.

Für meine Großmutter bedeuteten die Sommermonate vor allem, daß sie ihrer Mutter, die wie viele Insulaner Zimmer an Badegäste vermietete, helfen mußte. Und während ihre Mutter auf diese Weise Geld verdiente,

Die Strandhalle – beliebtes Ausflugsziel der Badegäste.

arbeitete der Vater meiner Großmutter als Hausdiener in verschiedenen Hotels, klopfte Steine und war stets auf der Suche nach Verdienstmöglichkeiten. Nicht immer hatte er Arbeit, das Geld war knapp, das Familienleben überschattet von Armut und Lieblosigkeit. Zeit für ein paar freie Stunden am Strand, Zeit fürs Baden und Toben im Wasser gab es für meine Großmutter nicht. Das Fahrradfahren hat sie nie gelernt, weil kein Geld für die Anschaffung eines Rades da war. Wie hätte sie da an einen freien, unbeschwerten Nachmittag am Strand denken können!

„Lütt Simon"

Als „Kap Hoorn" ist der Weg von „Lütt Simon" in der oberen Hafenstraße um die Ecke zum „Haus der Landwirte" in die Erinnerungen der alten Wyker eingegangen. Sie wissen, wovon sie reden, denn so mancher war schon zu einer Kartenrunde in der „Börse" gewesen, hatte in „Glaube, Liebe, Hoffnung" auf sein Spielglück getrunken und saß nun in der schummrigen, kleinen Gaststube von „Lütt Simon" und stärkte sich für den Weg um „Kap Hoorn“ in Richtung „Haus der Landwirte“. Und mit jedem Teepunsch wurden die Geschichten, die sie sich erzählten, abenteuerlicher, die Stürme, die sie mit ihren Schiffen überstanden hatten, heftiger und ihre Schritte im hohen Wellengang um „Kap Hoorn“ herum immer beschwingter ...

Föhrer Männer mit großem Durst fanden den Weg zu „Lütt Simon“ zu jeder Zeit und bei jedem Wetter. Im Sommer schmeckte der Punsch bestens, im Winter aber hervorragend. Aus Käthe Hinrichsens Küche wurden die dampfenden Teekannen an die Tische getragen, wo sich die Männer den Köm aus den bereitstehenden Flaschen in die Tassen gossen und je nach Geschmack Zucker hinzufügten. Sie tranken aus kleinen, blauweißen Punschtassen, zahlten nur ein paar Groschen für den Teepunsch und saßen ganze Abende beim „Klönschnack“ zusammen. Eine Kanne Tee nach der anderen ließen sie aus Käthes Küche kommen, und eine Flasche Köm nach der anderen wurde geleert. Das Resultat ließ nicht lange auf sich warten: Von wohligem Behagen geglättete Gesichter schauten mit blitzenden Augen in die Runde und neigten sich einander zu vor dem nächsten Schluck, der die Männer zu den Geschichten aus ihrer Erinnerung und zu neuen Wyker „Döntjes“ begleitete. Vielleicht erzählten sie sich an einem dieser Abende jene Geschichte über eine der Wirtinnen, die wahr sein oder auch nicht wahr sein könnte: Angeblich war sie den nächtlichen Herrenbesuchen nicht abgeneigt und ließ zwecks leichterer Abwicklung der Angelegenheit gerne ihr Schlafzimmerfenster offen. Daß sie ihr Zimmer im Sommer allerdings an Badegäste vermietete, muß einem ihrer Verehrer entgangen sein, und so stieg er wie üblich zu nächtlicher Stunde durch das Fenster und ...

Großmutters Mann Wilhelm gehörte zu den beliebten Stammtischgästen in dem Gasthaus, das den Namen (Simon) und die hervorstechendste Eigenschaft des ehemaligen Wirts (lütt) trug. Wilhelm saß immer gleich links am Tisch, wenn man zur Tür hereinkam. Er wußte nicht nur viel zu erzählen, er hatte auch einen ganz speziellen Humor, an den sich manche noch heute erinnern. Der Wyker Spediteur Fritz Borgert hat als junger Mann meinen Großvater dort in der Gastwirtschaft so manches Mal getroffen und mir erzählt, in welch großer Teepunsch-Runde er bei „Lütt Simon“ oft saß und sich zusammen mit dem „Schipper“ Jan Benk, Otto Wulkau (Vater von Inge „Altmodern“) und dem Elektromeister Fritz „Radio“ (Nickelsen) Tasse um Tasse schmecken ließ. Getreu dem Spruch „Wenn wi uns Teepunsch hem, brukt wi keen Alkohol“ soll manch durstiger Gast im Laufe des Abends eine sehr ansehnliche Zahl von Pünschen getrunken und den Weg um „Kap Hoorn“ um so flotter hinter sich gebracht haben.

Und wenn die eine der zwei Wirtinnen, Käthe Hinrichsen und Christine Pauls, den Wykern auch vor allem wegen der „Geschichte mit dem Fenster“ in Erinnerung geblieben ist und die andere deshalb, weil sie meistens schlafend in der Ecke zur Küche saß, so hatten die zwei Frauen ihre Gäste doch im Auge und legten Wert darauf, ein ordentliches Lokal zu führen. Auf die Handwerker waren Christine und Käthe anscheinend nicht so gut zu sprechen. Kamen sie zur Tür herein, soll die eine jedesmal der anderen zugerufen haben: „Nimm die Decken vom Tisch, ‚de Schwiene‘ kommen.“

Nachtwächters Glück

In der Jugend meiner Großmutter galten der Südstrand und Boldixum als ein zusammengehörender Ort, der mit Wyk nicht viel zu tun hatte (und nicht viel zu tun haben wollte). Das war besonders denen recht, die abends beim Kartenspiel im „Haus der Landwirte“ kein Ende finden konnten.

Nachdem sie Stunde um Stunde bei Punsch und Zigarren zusammengesessen und „Karten geklopft“ hatten, erschien zur festgesetzten Stunde der Wyker Nachtwächter im „Haus der Landwirte“ und forderte die Gäste auf, das Lokal wegen der nächtlichen Sperrstunde nun zu verlassen. Damit konnte er aber nur einen Teil des großen Schankraumes meinen, denn mitten durch ihn hindurch verlief die Ortsgrenze von Boldixum und Wyk. Und so sammelten die Gäste der „Wyker Seite“ ihre Karten ein, schoben die Punschtassen auf den nächsten Tisch, der in Boldixum stand, zündeten sich erneut eine Zigarre an und setzten das Kartenspiel vergnügt fort.

Der Nachtwächter hatte seine Pflicht getan: In Wyk hatten alle Gäste pünktlich die Gastwirtschaft verlassen, und was sie jetzt in Boldixum machten, ging ihn nichts mehr an.

1985 kam der damalige Ministerpräsident des Landes Schleswig-Holstein, Uwe Barschel, anläßlich des 100jährigen Bestehens der Wyker Dampfschiffs-Reederei (W.D.R.) nach Föhr. Zu den direkten Nachkommen der zwei Reedereigründer, die zum Festakt eingeladen wurden, gehörte auch meine Großmutter.

Der Vater ihrer Mutter, der Hafenmeister Sievert Broder Volquardsen, hatte 1885 zusammen mit dem Kapitän Steffen-Heinrich Boetius die heutige Reederei gegründet und sie 17 Jahre lang als erster Geschäftsführer geleitet. Die Jahre waren geprägt vom Konkurrenzkampf mit den anderen Reedereien auf Föhr. Setzte die eine den Fahrpreis von Dagebüll nach Föhr auf eine Mark herunter, bot die andere wenig später die Überfahrt für 50 Pfennige an. Doch das konnte jenen zu spät gekommenen Passagier, der „seinen“ Dampfer eben von der Dagebüller Mole ablegen sah, allerdings auch nicht trösten, denn der Steuermann war keineswegs gewillt, extra für ihn nochmal umzukehren. Er hielt weiter Richtung Föhr und rief ihm zu: „Wi kamen morgen wedder!“ Schlechtes Wetter, zu niedriges oder zu hohes Wasser, nicht eingehaltene Fahrpläne und andere Wi-

Die Dampflokomotive bringt die Gäste nach Dagebüll, von dort geht's weiter mit dem Schiff.

drigkeiten konnten zu einem ungewollten, längeren Aufenthalt in Dagebüll führen, und mancher mag bei dieser Gelegenheit seufzend an die Worte des Dichters Hans Christian Andersen gedacht haben: „Dagebüll ist das erbärmlichste Loch auf der Erde."

Passagiere, die mit der seit 1895 fahrenden Dampflokomotive von Niebüll nach Dagebüll reisten, stiegen dort auf die Dampfer „Nordfriesland", „Föhr et Dagebüll" und „Stephan" (nach dem damaligen Generalpostmeister), die zwischen dem Festland und den Inseln Föhr, Amrum und Sylt hin- und herpendelten. Mit gewaltigen, schwarzen Dampfwolken und lautstarken Tutsignalen beim Ab- und Anlegen an der Mittelbrücke, auch „Dampferbrücke" genannt, machten sie auf sich aufmerksam. „So sah die Mittelbrücke in unserer Kinderzeit aus", erinnerte sich meine Großmutter und zeigte mir auf dem Foto das Toilettenhäuschen, an dem der Rettungsring mit der Aufschrift „Hafen Wyk" hing. Der Schuppen für die Güterabfertigung, in dem man auch die Fahrkarten kaufte, sorgte schon bald nach der Reedereigründung für zahlreiche Beschwerden. Die Passagiere der „Bäder-Linie" von Cuxhaven über Helgoland nach Wyk klagten über die unkomfortable Unterbringung ihres Gepäcks, bis sie am

Mit Gepäck beladene Badegäste kommen in Wyk an, der Dampfer fährt weiter nach Amrum.

Dampfer, Segler und Ruderboote vor der Mittelbrücke.

nächsten Morgen die Weiterreise nach Sylt antreten konnten. Großmutters Großvater sorgte mit einem Antrag bei der Wyker „Fleckensverwaltung" für einen größeren Schuppen, und die immer zahlreicher werdenden, vornehmen Gäste konnten ihr Gepäck für die „Sommerfrische" angemessen abstellen. Nicht selten kam es vor, daß die Fahrgäste wegen des niedrigen Wasserstandes „ausgebootet" werden mußten, denn das Schiff kam nicht bis an die Mittelbrücke heran. Und so beobachteten meine Großmutter und ihre Geschwister, die Enkel des Hafenmeisters Volquardsen, mit großem Interesse, wie die Damen mit ihren großen Hüten, langen Kleidern und Sonnenschirmen vorsichtig von Bord kletterten, sich sozusagen wie ein Gepäckstück von der einen helfenden Männerhand zur nächsten weiterreichen ließen, um dann erleichtert in das kleine Ruderboot zu steigen, das sie an den Wyker Strand brachte. Und während Reisekörbe, Hutschachteln, Lederkoffer und Kisten auf Gepäckkarren verstaut und zum angegebenen Quartier gebracht wurden, nahmen die Badegäste schon eine erste Erfrischung im „Thomas Hotel" zu sich, das ihnen mit der direkt am Strand gelegenen Holzveranda einen herrlichen Blick aufs Meer bot.

1906 feierte Wyk seine 200jährige Selbständigkeit als Gemeinde, wofür die Mittelbrücke festlich geschmückt wurde. Ein Bild aus diesen Tagen zeigt ankommende Dampfer, Segelboote und kleine Ruderboote, die an der Brücke im Wasser liegen. Viele Menschen sind gekommen, um bei der Feier dabeizusein, und auf der Mittelbrücke wimmelt es von Schaulustigen, die bei Sonnenschein und leichter Brise auf- und abspazieren. Am Strand stehen kleine Jungen in Matrosenanzügen und beobachten den anlegenden Dampfer „Wyck – Föhr". Mädchen mit großen, weißen Schürzen schwenken Fähnchen und gehen an der Hand ihres Kindermädchens hinaus auf die Anlegestelle. Damen in feiner, weißer Sommergarderobe tragen große, ausladende Hüte, schützen ihre Haut mit eleganten Sonnenschirmen und tragen bodenlange Röcke, die das Gehen im Sand schwer machen, sie aber nicht daran hindern, unten am Ufer zu gehen. Neben ihnen die Herren in dunklen Anzügen und würdevoller Festtagsstimmung.

Die Mittelbrücke war zu Beginn des Jahrhunderts einer der Mittelpunkte des Geschehens im Badeort Wyk. Nicht nur wegen der an- und ablegenden Dampfer, auch wegen des hier startenden Blumenkorsos, der sommerlichen Burgenwettbewerbe und der „Lustboote", die man mieten konnte. Und der abendliche Spaziergang führte ebenso ein Stückchen den „Steg" hinaus aufs Meer wie der erste Gang am Morgen, um die Wind- und Wetteraussichten zu erkunden.

Die Wyker Mühle

„Als wir Kinder waren, sah es noch so aus wie auf dem Bild", hat Großmutters Schwester Jenny auf die Rückseite einer alten Postkarte geschrieben. Von den einst zwölf Mühlen auf Föhr existierten zu ihrer Kinderzeit noch acht, und die dort abgebildete Wyker Mühle und das danebenstehende Müllerhaus gibt es noch heute, nur die Umgebung hat sich verändert.

Wenn die Osning-Kinder zu Beginn des letzten Jahrhunderts auf ihrem Weg nach Hause stehen blieben und der Mühle den Rücken zukehrten, die Hand über die Augen legten und in die sinkende Nachmittagssonne Richtung Amrum guckten, dann sahen sie die weite, flache Föhrer Insellandschaft vor sich liegen: Felder, Wiesen, Steinhaufen, einige Büsche und Bauminseln. Und wenn sie ihren Blick Richtung Boldixum schweifen ließen, erkannten sie in der Ferne die „Carolinenhöhe" – ein beliebtes Ausflugsziel (heute: im Garten des Friesenmuseums) der Wyker, zu dem man sonntags mit Proviant und Spazierstock aufbrach. Der Rückweg

Die Wyker Mühle vor freiem Feld.

führte meistens über die Felder hinunter zu den ersten Häusern in der Friedrichstraße, die die Osning-Kinder von ihrem Platz vor der Mühle gut sehen konnten. Ein Bauer, der die zwischen ihnen liegenden Felder pflügte, sorgte für den Geruch von nasser Erde, den der Wind in kleinen Schwaden zu ihnen hinübertrug. Aber sie konnten Mensch und Pferd nicht nur sehen und riechen, sie hörten sie auch, denn die Stille war vollkommen. Sie war so vollkommen, daß Agnes und ihre Geschwister noch bei der Mühle das Rauschen des Meeres und das helle Scheppern weit entfernter Eimer vernahmen, in das sich der Gesang der Vögel mischte. Das Surren von Insektenflügeln vor ihnen im Gras gehörte ebenso zu den Geräuschen ihrer Kinderzeit wie der leise Wind in den Mühlenflügeln. Und während sie für einen Moment schweigsam in die Sonne schauten und ihren Gedanken nachhingen, schob der Wind gleichzeitig mit den Rufen des Bauern und dem Wiehern seines Pferdes die Wolken zusammen und fuhr in die Kronen der Bäume, unter denen sie saßen. Die Blätter über ihnen rauschten plötzlich laut auf und verdeckten in ihrem Tanz mit dem Wind die Sonne. Eine kühle Brise kündigte den zu Ende gehenden Nachmittag an, und wenn sie das Tuten des Abendschiffes hörten, das in den Wyker Hafen einlief, dann wußten die Osning-Kinder, daß es Zeit war, nach Hause zu gehen.

Die Wyker Mühle mit dem Müllerhaus, rechts das freie Feld zur „Carolinenhöhe".

Meine Großmutter und ihre Geschwister liefen als Kinder oft den Feldweg entlang, der heute „Mühlenstraße" heißt, und guckten manchmal hoch zu den Fenstern der Mühle, hinter denen bis vor wenigen Jahren die Frau des Müllers Andresen gesessen und geschrieben hatte. Meine Großmutter bewahrt bis heute einige verschiedene Ausgaben auf, die im Laufe der Zeit von Stine Andresens Gedichten erschienen sind. Ein Vierteljahrhundert lebten sie zur gleichen Zeit auf der Insel, und meine Großmutter erinnerte sich daran, in welch bitterer Armut die schreibende Föhrerin leben mußte, daß sie gezwungen war, um Unterstützung zu betteln. Manchmal ist sie ihr begegnet: Eine dunkel gekleidete Frau, deren Gesicht im Alter von Sorgen und Not erzählte. Ihr Grabstein steht heute auf dem Boldixumer Friedhof, gar nicht weit entfernt von dem der Eltern meiner Großmutter.

DER GLOCKENTURM

Als Kinder begegneten wir Hanne Petersen (nach ihrer eindeutigen politischen Meinung von den Wykern bis heute „Hanne Hitler" genannt) oft, wenn sie die Tür ihres Hauses rasch zumachte, die „Große Straße" hinauf zum Glockenturm eilte und in der Hand den großen Schlüssel für die Tür des Turmes hielt. Wir wußten dann, daß wieder jemand in Wyk gestorben war und nun nach Boldixum überführt wurde. Hanne Petersens Aufgabe war es jahrelang, den Verstorbenen mit dem Glockenschlag des Wyker Glockenturms aus der Gemeinde hinauszubegleiten. Meistens kam der Leichenwagen vom Krankenhaus die Badestraße hinuntergefahren und bog beim „Haus der Landwirte" um die Ecke Richtung Boldixum. Genau zu diesem Zeitpunkt begann Hanne Petersen mit dem Läuten der Glocke, denn ein bereit stehender „Ausgucker" hatte ihr mit einem Wink den ankommenden Wagen signalisiert. Und so fuhren die Verstorbenen mit einem letzten Gruß von ihrem Wyk zum Friedhof nach Boldixum.

Der einfache, klare Klang der Glocke, die uns die Stunden anzeigte, gehörte zu unseren Spielnachmittagen in den Wyker Gassen von der Hafenstraße bis zu „Stinkbüddelsgang" wie der Ostwind und „Martin Eis". Der Glockenturm, an dem wir Kinder vorbeiflitzten oder vorbeitrödelten – je nach dem vor uns liegenden Ziel, wurde gebaut, als die Mutter meiner Großmutter eine junge Frau war, im Jahre 1886. Drei Jahre vorher mußte der alte Glockenturm von 1790, der noch zusätzlich als Spritzenhaus gedient hatte, wegen seiner Baufälligkeit abgerissen werden, nachdem er 1824 bei einem starken Sturm schon einmal umgefallen war.

Warum brauchte Wyk überhaupt einen eigenen Turm mit Glocke? Die Wyker konnten die weiter entfernt liegende Kirche von Boldixum nicht immer hören, und es war lange Brauch, die Glocke am Sonntagmorgen um halb zehn zu läuten, damit die Kirchgänger rechtzeitig nach Boldixum aufbrechen konnten. Inzwischen ist das nicht mehr so, der Glockenturm aber ist das Wahrzeichen für Wyk, ja für Föhr. Im Jahre 1864 und 1920 ging es um die Frage, ob die Insel deutsch bleiben sollte; die am Turm angebrachten Tafeln erinnern an dieses Ereignis.

Ein anderes Ereignis wurde zwar nicht mit Gedenksätzen festgehalten, meine Großmutter erinnert sich aber noch genau, daß eines Nachmittags im Juli 1944 die Glocken so lange schlugen wie nie zuvor. Verwundert liefen die Wyker zusammen und erfuhren bald den Grund: Adolf Hitler hatte das Attentat unversehrt überstanden, und Hanne Petersen läutete in großer Freude unentwegt die Glocken.

Einkäufe

Als die „Reeperbahn" in „Badestraße" umbenannt wurde, weil die Badegäste wegen des anrüchigen Namens dort keine Quartiere mehr beziehen wollten, als die Wyker Bäcker halbe (!) Kremschnitten verkauften und in der Klempnerei Hinrichsen noch die Kochtöpfe und Blechwärmflaschen für den weiteren Gebrauch gelötet wurden, ging meine Großmutter schon durch Wyk, um ihre Einkäufe zu erledigen . . .

Und wenn sie auch nicht genug Geld hatte, um sich ihre Wünsche zu erfüllen, so konnte sie doch vor den Auslagen der Putzmacherin Marie Holm in der Mittelstraße stehen bleiben und sich die neuen Hüte, Pelzkragen und bunten Schals anschauen. Die Inhaberin dieses hübschen, noch heute bestehenden Geschäfts, das die weiblichen Badegäste im Sommer so gerne besuchten, hatte sich in Hamburg zur Putzmacherin ausbilden lassen, und das merkte man ihren geschmackvollen Creationen auch an. Ein Stückchen weiter oben, das Eckgeschäft gegenüber dem Glockenturm (heute: „Föhrer Teekontor") gehörte ihrem Bruder Hans Holm, der mit Großmutters Schwester Anna verheiratet war. Er war mit Leib und Seele Kaufmann, hielt sein Geschäft von morgens 7 Uhr bis abends 19 Uhr durchgehend geöffnet und befand sich mit seinem Sortiment immer auf dem neuesten Stand. Ob Weihnachten, Silvester, Fasching oder Ostern – seine Auslagen boten immer etwas Neues und lohnten einen Umweg. Und wenn die Wyker Kinder sich mal wieder mit etwas „Süßholz" für ein paar Pfennige beim Apotheker Dierks (heute: Vereinsbank) in der „Großen Straße" versorgt hatten, dann ging ihr Weg zur Osterzeit als nächstes zu Holm, denn dort stand wie jedes Jahr der ausgestopfte Osterhase im Fenster, der mit den Worten „He ist wedder dor" begrüßt wurde. Neben „Colonialwaren" Holm zur Schule hin hatte Professor Häberlin über viele Jahrzehnte seinen herrlichen Garten, den sein Chauffeur Peter Hesch pflegte. In milden Abendstunden sahen Vorübergehende wie meine Großmutter den Herrn Professor oft nachdenkend zwischen den bunten Blumenbeeten seines Gartens spazierengehen oder lesend in seiner hübschen Laube sitzen. Und niemand wäre je auf die Idee gekommen, ihn zu stören . . .

Die Mittelstraße nun wieder hinunter und den großen, alten Heymann-Schuppen beim Glockenturm links liegen lassend und auf der rechten Seite vorbei an Marie Holm und Klempnerei Hinrichsen, ging meine Großmutter weiter. Vor der Stockentenfabrik (heute: „Lütje Kök"), in der

Die alte Wyker Mittelstraße, durch die meine Großmutter zum Einkaufen lief (im Hintergrund der Glockenturm).

die Enten aus den Föhrer Vogelkojen verarbeitet wurden, warteten mehrere Fuhrwerke, um beladen zu werden. Unter den Rufen der Männer verließ Paket für Paket mit den verpackten Konservendosen die Fabrik. Bis nach Amerika wurden sie geschickt und standen dort schließlich auf dem Tisch der Föhrer Auswanderer als leckerer Braten und Gruß aus der Heimat. Schräg gegenüber beobachtete der alte Edmund Kohl vor der Tür seiner Drogerie (die einzige auf der Insel!) das Geschehen. Bei ihm kaufte man Petroleum, Tee und andere Dinge des täglichen Gebrauchs. Einmal aber hatte meine Großmutter bei ihm auch eines der herrlich duftenden Seifenstücke gekauft, die er in einer besonderen Glasvitrine anbot. Und während sie am alten Kohl mit dem Gruß „Moin, Moin!" vorbeiging, kam ihr aus der offenen Ladentür hinter ihm wieder dieser typische Drogerieduft entgegen, und sie liebte feine Seifen doch so sehr! Eigentlich schade, daß man nicht genauso Seifenabfälle kaufen konnte, wie die Wyker Bäcker Kuchenabfälle für wenige Pfennige abgaben.

Ihren Gedanken nachhängend, kam sie zu dem kleinen Haus von Hugo Hinrichsen (heute: Schuhgeschäft), das neben dem „Stinkbüddelsgang" lag. Noch zu unserer Kinderzeit stand der kleine, blasse und stets korrekt gekleidete Hugo „Gerne“ (so nach dem häufigen Gebrauch und der ganz typischen Betonung dieses Wortes genannt) in seinem dunklen, engen Laden hinter dem mit Zeitungen und Zeitschriften vollgepackten Verkaufstresen und reichte uns Bleistifte, Radiergummis und die ersten „Micky Mouse“-Hefte herüber. Nebenan wohnte und arbeitete Schuster Kloborg, an den sich noch heute viele erinnern, weil er viel, viel mehr konnte als nur Schuhe reparieren. Ideenreich und patent wie er war, baute er Schiffsmodelle, „verarztete“ kaputte Teddybären, brachte defekte Reißverschlüsse wieder zum Funktionieren und baute so ungewöhnliche Weihnachtsdekorationen wie ein begehbares Puppenhaus für das „Kaufhaus Martens“. Und wer sich in dem feinen, gleich nebenan liegenden Geschäft des Konsuls Martens, nach dem man später die Wyker Johannesstraße benannte, mit Stoffen für eine neue Garderobe versehen hatte, konnte gegenüber bei Schuster Hansen (später: Juwelier Sörensen) auch gleich noch die passenden Schuhe kaufen. Oder man gönnte sich zur Stärkung bei „Bäcker Ipsen“ (heute: Schlachter Friedrichs) eines jener Buttercremetörtchen mit Schokoladenhäubchen, an die sich manche alte Wyker noch erinnern. Vergessen haben sie auch nicht das besondere „Flair“ des alten Geschäfts von Matthias Bohn, das in einem Neubau noch immer an der gleichen Stelle existiert. Ein „Wyker Jung“ aus Großmutters Generation erzählt: „Wie alle Häuser, die um die Jahrhundertwende (19./20.) oder früher gebaut worden waren, gab es keine Betonfußböden oder Decken. Auf kräftigen Holzbalken lagen einfache Fußbodenbretter, die beim Betreten des Ladens in Bewegung gerieten. So begannen alle an der Decke aufgehängten Töpfe, Milchkannen, Deckel und Lampen zu klirren und zu schaukeln.“

Die neben „Bäcker Ipsen“ auf der anderen Straßenseite liegende Tischlerei Levsen stellte nicht nur Möbel für den täglichen Gebrauch her, sie wurde auch mit so besonderen Stücken wie den Dreieckborden aus ihrer „Friesischen Werkstatt“ bekannt. Wir Kinder sahen den alten Levsen noch in seiner Werkstatt arbeiten, hörten die Geräusche der Sägen, und ich erinnere mich noch, daß an manchen Tagen vereinzelte, vom Wind getriebene Sägespäne im Hof umherwirbelten. Die passenden Tassen und Teller zum Bestücken seiner Dreieckborde kaufte man, wenn man nicht über dekorative Erbstücke verfügte, bei Andreas Paulsen (heute: Hetsch), der nicht nur mit Lebensmitteln, sondern auch mit Porzellan handelte. Wie bei so vielen der Wyker Geschäfte zu dieser Zeit, gingen vergeßliche Kunden bei Paulsen auch noch nach dem Ladenschluß „hinten rum rein“, wenn sie das Salz für die Heringe oder – und das war noch viel schlimmer! – den Köm für einen ordentlichen Punsch vergessen hatten.

Schon von weitem nahm meine Großmutter den Geruch von frisch gemahlenem Kaffee wahr, den der Ostwind die Mittelstraße hinauftrieb. Der Inhaber des Spirituosen- und Schokoladengeschäfts an der Ecke zum Sandwall, Carl Koch (später: Holtz), röstete seine Kaffeebohnen selbst! Genau gegenüber hatte Waldemar Lind seinen „Strand-Bazar", in dem die Kunden ihn allerdings nur selten antrafen, weil Waldemar auch ein vielbeschäftigter Fotograf war. In dieser Funktion besuchte er so manches Fest, begleitete Ausflügler zu den Halligen, dokumentierte solche Ereignisse wie die Einweihung des „Lemke-Hains" beim Leuchtturm und ging auf diese Weise in die Inselgeschichte ein. Im Nachbarhaus zur Mittelstraße hin betrieb der Vater von Großmutters Schulkameradin Martha das „Café Meesenburg". An den kleinen Tischen ließen sich die Sommergäste das feinste Gebäck schmecken, lobten die „Heißen Wecken" und den vorzüglichen Tee. Meine Großmutter hatte dieses feine Café noch nie besucht, aber dank der Tochter des Hauses, Martha, wußte sie sehr gut, wie herrlich „en Schneck" von Meesenburg schmeckte. Und als sie mir einmal diese und andere Geschichten aus ihrer Erinnerung erzählte, erwähnte sie auch einen Zahnarzt, der seine Praxis ganz in der Nähe gehabt haben und bei den auswärtigen Schülern des Pädagogiums außerordentlich beliebt gewesen sein soll. Aber nicht, weil er sein Handwerk besonders gut verstand. Zu ihm kamen sie, weil er auf ganz spezielle Art ihren notorischen Taschengeldmangel beheben konnte. Er bohrte ein kleines Löchlein in den Zahn, nahm sogleich die Reparatur vor und stellte dem Patienten dann eine höchst aufwendige Behandlung in Rechnung. Die entsprechende Summe wurde dem Sohnemann vom besorgten Vater zugeschickt, wobei allerdings nur ein Bruchteil dem Herrn Doktor zuging, der weitaus größere Anteil diente der Aufbesserung des Taschengelds und wurde entsprechend vergnügungsbringend angelegt!

Opa Wilhelm

Daß er aus Flensburg kam, sah man ihm nicht an, angeblich aber seinen Beruf. „Sie mit ihr freches Gesicht, hab' ich mir gleich gedacht, daß sie Maurer sind", bekam Opa Wilhelm als junger Mann zu hören, und wir haben immer wieder begeistert diesen Spruch aus dem „Familienschatz" zitiert.

Als Fremdmaurer, den es auf der Suche nach Arbeit schon bis an die Schweizer Grenze getrieben hatte, kam mein Großvater 1924 auf die Insel. In seiner Heimatstadt Flensburg hatte er eines Tages einen ehemaligen Kollegen auf dem „Südermarkt" getroffen, der ihm erzählte, daß auf Föhr Maurer gebraucht würden. Sie machten sich auf den Weg und wurden hier auch gleich in der Firma Hassold eingestellt.

In diesen Jahren konnten die meisten Unternehmer niemanden auf Dauer einstellen, und für meinen Großvater sollte dieser Arbeitsplatz auf der Insel wohl einer sein, den er auch bald wieder verlassen würde. Es kam aber anders: Wilhelm de la Roi aus Flensburg lernte ein Wyker Mädchen kennen und blieb für den Rest seines Lebens auf Föhr. Damals ging man auch schon zum Tanzen ins „Colosseum", ins „Central", in den „Schweizer Hof" im Königsgarten oder in jenes Lokal, das als „Stövkist" bezeichnet wurde. So lernte meine Großmutter ihren späteren Mann kennen. Wie das genau war, wer zuerst einen Blick riskierte und ob meine Großmutter schon vorher einen „Verehrer" gehabt hatte, das wollte sie mir nicht so recht erzählen. Zwei Jahre nachdem meine Großeltern sich kennengelernt hatten, heirateten sie. Und ganz, ganz schnell danach wurde ihr erstes Kind geboren: Otto. Meine Großmutter hat mir erzählt, daß sie nie wieder im Leben so ein Glücksgefühl empfunden hat, wie in dem Moment, als man ihr „dieses kleine Bündel Mensch" in den Arm legte. Fotos zeigen den kleinen Otto in einem der damals modernen, hochrädrigen Kinderwagen und im windig-sonnigen Aprilgarten des Jahres 1927 auf dem Korblehnstuhl seiner Großmutter Pauline. Im August 1934 ist die Familie komplett. Auf einer weißen Parkbank sitzt mein Großvater aufrecht und ernst in seinem Sonntagsstaat: dunkler Anzug, Krawatte, Weste und Hut. Neben ihm Otto und Renate – mit großer „Propellerschleife" im Haar, meine Großmutter und die kleine Henny.

Nach ihrem Vater mit seinen steiermärkischen Vorfahren und dem Namen „Osning" brachte Großmutters Wilhelm nun den hugenottischen Namen „de la Roi" mit in die Familie, und aus uns wurde ein friesisch-französisch-österreichisches Gemisch, das für einige Anekdoten in der Familiengeschichte gesorgt hat. So erzählte mein Großvater oft die Geschichte vom Einmarsch der Deutschen in Frankreich im 1. Weltkrieg, bei dem ihm von seinem Vorgesetzten eine ganz besondere Rolle zugedacht wurde. „De la Roi, sie mit ihrem französischen Namen, kommen sie her, sie schlagen diesen Grenzzaun zu Frankreich um", wurde Wilhelm de la Roi befohlen.

Nach verschiedenen kleinen Wohnungen in der Nähe des Wyker Hafens zogen meine Großeltern anfang der 50er Jahre in das von Wilhelm

Opa Wilhelm mit seinen Feierabendrequisiten: Zigarre, „Insel-Bote" und „Gele Köm" für den Teepunsch.

gebaute, eigene Haus im Starklef. Im Garten verlebten wir fünf Enkel viele Spieltage, die vom Nachmittagstee, auf den wir schon warteten, unterbrochen wurden. Mein Großvater sah fünf kleine, hungrige Mäuler vor sich, die auf Zuckerbrot und Kekse warteten, guckte hinter seiner runden Brille hervor und ermahnte uns: „Nachmittags muß man sich nicht satt essen!“ Wir aber ließen es uns schmecken. Wenn wir später wegen des aufziehenden Regens nicht mehr zurück in den Garten konnten, holte meine Großmutter die große Schachtel mit den vielen Buntstiften aus dem Schrank und legte einen Stapel Blätter mit leerer Rückseite vor uns hin, die wir als Zeichenpapier benutzten. Dann saßen wir um den Tisch herum zu malen und guckten uns staunend die hübschen Frauen mit den tollen Lockenfrisuren in den bunten, feinen Kleidern an, die Großmutters Tochter Henny als junges Mädchen so gekonnt aufs Papier gebracht hatte. Und während wir vergeblich versuchten, ihr nachzueifern, saß mein Großvater auf dem Sofa, rauchte seine Pfeife und wartete auf die abendliche Punschstunde. Opa Wilhelm war schon über sechzig Jahre, als seine ersten Enkelkinder zur Welt kamen, und für uns Kinder war er immer schon ein alter Mann, der uns ein wenig fremd blieb. Seine humorvoll blitzenden Augen aber, wenn er seinen erwachsenen Sohn mal wieder beim „Streichholzklau“ erwischt hatte und mit den Worten „Dat sind mien“ die kleine Schachtel zurückforderte, vergesse ich nicht.

Filmtheater

Aus der Schankwirtschaft „Centralhalle“ in der „Großen Straße“ (heute: Drogerie „Ihr Platz“), wo Generationen getanzt und gefeiert hatten, wurde 1911 ein „Lichtbilder-Theater“. Die Kunst des Filmemachens und -vorführens steckte zwar noch in den Kinderschuhen, aber die vorgeführten sechzehn Bilder pro Sekunde ließen die Menschen auf der Leinwand laufen, tanzen und rennen, wie man es zuvor noch nicht gesehen hatte. Den Ton kannten die damaligen Kinobesucher noch nicht, aber dafür hauten die Wykerinnen Frau Schubert und Mieke Sahling kräftig in die Tasten des Pianofortes und begleiteten das Geschehen mit entsprechend dramatischen Klängen.

Im Jahre 1931 hielt der Tonfilm auch in das Wyker Filmtheater Einzug. Und wenn die erwachsenen Zuschauer auch wußten, daß das Geschehen und die Musik sozusagen „aus der Dose“ kamen und mit dem wirklichen Leben nichts zu tun hatten, so ging dem kleinen Otto de la Roi, der in einer der ersten Reihen saß, doch alles sehr zu Herzen. Er liebte die Spaßmacher „Pat und Patachon“, und so hatte seine Mutter sich mühsam ein bißchen Geld abgespart, um ihm jedenfalls einmal eine Kinokarte kaufen zu können. Entsetzt sah meine Großmutter ihren Sohn aber schon nach kurzer Zeit schluchzend aufs Haus zulaufen. Erst nach einigen Beruhigungsversuchen und unter Tränen konnte ihr kleiner Sohn erzählen, was geschehen war. Zunächst hatten „Pat und Patachon“ ihre Späße gemacht, Grimassen geschnitten und allerlei Unfug angestellt. Wie doll hatte Klein-Otto lachen müssen! Dann aber sausten die beiden plötzlich mit großer Geschwindigkeit auf einen tiefen Fluß zu, konnten ihr Vehikel nicht mehr rechtzeitig stoppen und versanken in den Fluten. Einige letzte Luftblasen stiegen noch an die Oberfläche, und weg waren sie! Klein Otto konnte es nicht glauben, nun war alles aus! Er rutschte von seinem Sitz und rannte mitten im Film verstört nach Hause, denn seine Freunde „Pat und Patachon“ waren ja ertrunken!

Wyker Jungs

Wenn sie keine Zeitungen austrugen, ihren Eltern nicht helfen mußten, keine Koffer der Sommergäste zum Hafen brachten oder beim Tischlermeister für ein paar Groschen die Werkstatt gründlich ausfegten, dann traf man Wyker Jungs wie Großmutters Sohn Otto unten am Strand bei der Mittelbrücke. Rückblickend scheint es, als ob sie dort den ganzen Sommer verbrachten, immer wieder von der Brücke hinunter ins Wasser sprangen, tauchten, weit hinausschwammen, Wettspiele veranstalteten und mit ihrem kleinen Boot die Mittelbrücke umkreisten oder in Richtung Hafen ruderten. Diese Wyker Jungs gehörten zum Sommer wie die Badegäste in ihren Strandkörben, die Kurmusik und das Flattern der Fahnen im Wind. Und irgendwann fielen sie auch dem Fotografen Müller vom Sandwall auf, der im Sommer 1939 schließlich ein Bild von ihnen machte, das noch heute in vielen Wyker Fotoalben zu finden ist.

Vor dem großen, im Wasser liegenden „Agfa-Ball“ steht der von der Sonne schon dunkel gebräunte Sohn meiner Großmutter zusammen mit anderen Wyker Jungs und schaut in die Kamera. Erwin Beyer, der Sohn

Großmutters Sohn Otto beim Baden an der Mittelbrücke.

des Schornsteinfegers aus der „Carl-Häberlin-Straße“, war eben noch am Strand; andere, wie Otto, schwammen und spielten gerade noch im Wasser, ihre Haare kleben ihnen naß am Kopf. Vielleicht war es eine schnelle, einmalige Aufnahme; vielleicht waren sie auch nicht zu bändigen, die Jungs, hatten andere Dinge im Kopf als das Fotografieren und wollten möglichst bald wieder zurück zur Mittelbrücke, denn einige schauen gar nicht in die Kamera des Fotografen.

Meine Großmutter und Klein-Otto am Strand bei der Mittelbrücke, im Hintergrund „Foto Müller“.

Wyker Jungs. Obere Reihe (von links): Erwin Beyer, Alf Sörensen, Dieter Jensen, Günter Hubert, Hans von Wülfing, Rolf Springer, Otto de la Roi; mittlere Reihe (von links): Simon Hinrichsen (vorgebeugt), Henri Matzen, Gottfried Nordbeck, „Tischan“ Brackert, Friedrich-Klaus Andresen, „Abba“ Ernst-Albrecht Wriedt, „Justav“ Jensen; untere Reihe: Helgo Pauls (ganz links), Karlo Triebel (ganz rechts), dann: Harald Tramm; ganz vorne: Jens Müller.

Gut zu erkennen aber sind die neben Otto stehenden Rolf Springer, der Busfahrer bei der W.D.R. wurde, und Hans von Wülfing, in dessen schönem Grevelinger Haus Otto später als Zimmermann arbeitete. Der etwas ältere Günter Hubert fiel wenige Jahre nach der Aufnahme mit 18 Jahren im Krieg; die Anzeige seines Todes bewahrte Otto sein Leben lang auf. Der ein Stück weiter im Wasser stehende Alf Sörensen übernahm das Juweliergeschäft seiner Eltern in der Mittelstraße und starb schon als 50jähriger. Auch Simon Hinrichsen, der Erbe des bekannten Wyker Möbelhauses „Hein Lotte“, wurde nicht alt. Mit etwas über dreißig Jahren erlitt er einen tödlichen Herzinfarkt. Gottfried Nordbeck („Neddl“), der Sohn des Elektromeisters aus der Süderstraße, gehörte zusammen mit Otto viele Jahre nach diesem letzten Sommer vor dem zweiten Weltkrieg, der so viele Wyker Jungs nicht mehr nach Föhr zurückkehren ließ, zu den „Nachtschwärmern". Alles ganz harmlos, natürlich! Bei „Muskateller"-Wein und flotter Musik vergnügten sich Otto und Gottfried mit den Wyker Deerns, zerrissen mit ihren unvorsichtigen Händen deren erste Nylonstrümpfe, brachten sie auf der Lenkstange ihrer Fahrräder nach Hause und verabschiedeten sich so lange von ihnen vor der Haustür, daß mancher Vater einer hübschen Tochter die Tür aufriß und rief: „Nun langt es aber!"

Das Bewußtsein, alles überstanden zu haben, ließ Großmutters Sohn und alle die anderen Wyker Jungs bis zum Morgengrauen im „Colosseum" tanzen, in den (von Nachtwächtern kontrollierten!) Strandkörben mit ihren „Flammen" schmusen und nicht an das Morgen denken. So manches Mal war die Sonne schon eine ganze Weile hinter Hallig Oland aufgegangen, als sie endlich nach Hause kamen. Aber wer wollte es ihnen verdenken, wo sie doch schon als junge Männer in den Krieg hatten ziehen müssen. Sie waren jung, kernig und jeden Abend bester Stimmung. Aus dieser „bewegten" Zeit bewahrte Otto ein kleines Holzschildchen auf. Der mit Bleistift aufgetragene Text verblaßte über die Jahre nicht: „Otto de la Roi, Gottfried Nordbeck; Wyk auf Föhr, den 21. 10. 1948, 23.10 Uhr; kein Brot, kein Schinken, von Rauchen ganz zu schweigen, SOS!!"

Lehrer

Er war gerade eben erst mit der Schule fertig, als Großmutters Sohn Otto wie so viele andere mit 16 Jahren dem „Ruf des Vaterlandes" folgen und sich auf den Kriegsdienst vorbereiten lassen mußte. Die Wyker Lehrer hatten schon früher gehen müssen; an ihre Stelle setzte man, wie überall in diesen Jahren in Deutschland, die pensionierten oder für den Schuldienst schon einmal als „untauglich" befundenen Kolleginnen und Kollegen.

Zu denen gehörte das „Nervenbündel" Johannes Warbeck, der der Schule schon lange den Rücken gekehrt hatte und nun wieder auf die Schüler losgelassen wurde. Mit untrügerischem Instinkt bemerkten diese sofort, was mit ihm los war und setzten seinen ohnehin schon schwachen Nerven mit allerlei Aktionen gewaltig zu. Sie scharrten mit den Füßen, gaben unerklärliche Laute von sich und feuerten Papierkügelchen in

Richtung Lehrerpult ab. Auf der peniblen, sich in jeder Schulstunde wiederholenden und nicht endenden Suche nach den Verursachern dieser Missetaten verlor sich Lehrer Warbeck selbst und den Unterrichtsstoff immer mehr aus den Augen, bis schließlich das für alle Beteiligten erlösende Klingelzeichen ertönte.

Auch bei der strengen und ungerechten „Motsche (Mutter) Prösch" dehnten sich die Schulstunden endlos. Mit kerzengeradem Rücken in ihren langen, unmodernen Gouvernantenkleidern, finsterer Miene unter dem kleinen Haarknötchen und kleinen, wachsamen Augen schritt sie feldwebelartig die Reihen der Schulbänke ab. „Se weer een Düüwel", erzählte mir eine ihrer Schülerinnen und berichtete, wie sich Lucy Prösch vor ihr aufgebaut, ohne Anlaß an ihren langen, blonden Locken gezogen und mit herrisch-schriller Stimme gedroht hatte: „Na, Du!!"

Ganz anders war es bei Egon Petersen, an den sich Großmutters Sohn Otto und viele andere Wyker Kinder ihr Leben lang gerne erinnerten. Nach ihren Erzählungen war er ein „fantastischer Lehrer", ein menschlicher Lehrer. Egon Petersen unterrichtete Mathematik so anschaulich, daß seine Schülerinnen und Schüler es auch verstehen konnten, erzählte Ethel Nordbeck. Bei ihm wurden die Unterrichtsstunden fast schon zum Vergnügen. Egon „Schnott" war der Spitzname, den sie ihm gaben. Er hatte die Angewohnheit, sich während der Klassenarbeiten in der Nase zu popeln und mit den so entstandenen kleinen Bällchen auf schummelnde oder sonst irgendwie unartige Schüler zu zielen.

Wenn der eher kurz geratene Egon Petersen mit den dunklen Haaren und dem kleinen Schnauzer an seinem Geburtstag das Klassenzimmer betrat, wußten schon alle, daß es keinen Unterricht geben würde. Sein Festtag war auch einer für seine Schülerinnen und Schüler. Lehrer Petersen setzte sich dann gemütlich an sein Pult und erzählte den gespannt zuhörenden Kindern eine Geschichte nach der anderen. War der Schultag vorüber, trug einer von ihnen die Geschenke des Lehrers (Köm und Priem) in die „Villa Dora" am Sandwall, wo er mit seiner Schwester wohnte. Diese gab ihm wohl auch jeden Morgen ein belegtes Brötchen mit, aber Egon kam nie so richtig dazu, es auch in ein Stückchen Papier einzupacken. Und so zog er zu dem großen Erstaunen seines Schülers Otto, der später immer wieder davon erzählte, während des Unterrichts ein mit Wurst belegtes Brötchen aus der Hosentasche, biß einmal kräftig ab und steckte es dann wieder ein. Manchmal allerdings gerieten dabei das Brötchen und schon benutzte (!) Taschentücher von Egon „Schnott" durcheinander . . .

Fast dreißig Namen stehen unter der Überschrift „Schulentlassung Ostern 1942 – Volksschule Wyk“ des kleinen, vergilbten Zeitungsartikels, der schon über ein halbes Jahrhundert in dem Poesiealbum liegt, das meine Großmutter lange Zeit für ihren Sohn aufbewahrte. Es gehörte zu ihrer gemeinsamen Geschichte, und es brachte sie viele Jahre später immer wieder einander besonders nahe, in ruhigen Stunden ihre Erinnerungen aufleben zu lassen und über den späteren Lebensweg und das Schicksal von Ottos Mitkonfirmanden zu sprechen.

„Mit der „Nordmark“ bei Amrum auf eine Mine gelaufen und den Seemannstod erlitten“, schrieb er unter Jakob Thomsens (Sohn von „Hanne Moje“) Eintrag in sein Poesiealbum und legte die Todesanzeige für diesen „lebensfrohen Jungen“, mit dem er befreundet gewesen war, dazu. Auch Heme Okkens, der Halbbruder des Direktors bei der Wyker Dampfschiffsreederei, kam nicht zurück. Er fiel schon bald nachdem er eingezogen worden war. Was manche junge Männer dieser Generation damals dachten, was sie bewegte, zeigt der Eintrag ihres Mitkonfirmanden Wilhelm Grage: „Deutschland ist uns das Heiligste, was wir kennen. Deutschland ist unsere Seele. Wenn Deutschland stirbt, so sterben wir auch.“

Zu Ottos Spielkameraden am Strand und im Wyker Königsgarten, die mit ihm zusammen den Konfirmationsunterricht bei Pastor Höber besuchten, gehörten auch „Justav“ (Günther) Jensen, der spätere Hausmeister in der Wyker Schule, und Fritz Winter, der als Kurdirektor in die Geschichte der Insel einging. Mit schwungvoll-selbstbewußter Unterschrift verewigte er sich im März 1942 in Ottos Poesiealbum und muß es dann an Jan Wrede weitergereicht haben, der sich einen Tag danach mit einigen Zeilen von Gorch Fock eintrug. Ein halbes Jahrhundert später trafen sich Jan, Fritz und Otto auf ihrer goldenen Konfirmation in Wyk wieder und starben bald danach nur wenige Jahre voneinander getrennt.

Während ihre Mitkonfirmanden Rudolf Woebs und Arnold Nicolaysen Föhr verließen, leben „Tischan“ (Christian) Brackert, Karl Heinz Flügge („de Koch sien Vadder“) und Harald Tramm noch immer auf der Insel. Von diesem Mitkonfirmanden stammt der sinnige Spruch: „Im Weinglas und in der Bierkanne ertrinken mehr Menschen als im Meere.“

„Kalli“ (Karl) Paulsen, der spätere Besitzer des Frachtschiffs „Kaptaube“, muß sich schon als Junge immer zum Meer und zur Schiffahrt hingezogen gefühlt haben, denn seine Zeilen im Poesiealbum sprechen von Segeln, die sich im Wind blähen, von gelichteten Ankern und hinausfliegenden Schiffen. In Frankreich wurde fünfzig Jahre nach dem Ende des zweiten Weltkrieges sein Soldbuch gefunden, das nun mit seinem Einverständnis im Museum des kleinen Ortes gezeigt wird. Sie alle haben sich als „Mitkonfirmanden" eingetragen; nur Klaus Müller aus der „Carl-Häberlin-Straße" hat auch mit „Freund" unterschrieben. Von ihm wurde oft erzählt bei uns, denn nicht nur Otto, sondern auch seine spätere Frau Inge kannte Klaus Müller gut. Als 18jährige fuhr sie mit ihm in seinem kleinen Boot zu den Halligen Hooge und Langeneß, konnte diesen Ausflug aber gar nicht so richtig genießen, weil sie nicht schwimmen gelernt hatte und die dunklen Wolken über der Nordsee sie zunehmend nervöser machten. Klaus' Vater, Julius Müller, gehörte das Frachtschiff „Christine", mit dem er oft nach Hamburg fuhr. Er hätte Inge Johannsen aus Neugalmsbüll wohl gerne als seine Schwiegertochter gehabt, aber es wurde nichts daraus. In ihrem kleinen, blauen Notizbuch finden sich zwar noch die Einträge von den Städten, die Klaus Müller auf großer Fahrt anlief – Casablanca, Tanger, Catagena – und manchmal kam auch schon aus Hamburg die erste Post, aber schließlich gingen sie auseinander. Und genau darauf hatte Otto nur gewartet ...

Fein säuberlich getrennt von der „Jungsabteilung" des Poesiealbums haben sich die Mädchen des Konfirmationsjahrgangs 1942 eingetragen: Helga Jensen (heute: Wotsch), zu deren Vater Adrian man wegen der Krankenscheine gehen mußte, und Philine Hansen, verheiratete Fritsch, die mit ihrem Mann den letzten Bauernhof in der Süderstraße bewirtschaftete. Die „Düfte" von Kuhstall und Gülle ließen uns zu meiner Schulzeit immer besonders schnell an ihrem Haus vorbeiradeln, aber sie verfolgten uns bis in die Klassenzimmer der Wyker Schule hinein! Nicht weit entfernt wohnten zu Ottos Jugendzeit Rosemarie Mölck (heute: Mansfeld) und Rita Nagel, die schon als junge, gerade verheiratete Frau starb. Von ihr sagte Otto immer, sie sei eine „bildhübsche Frau" gewesen. Allerdings bandelte er nicht mit ihr an, sondern mit Hanna Andresen, die entfernt verwandt mit seiner späteren Frau war. Die kleine Inge saß zu diesem Zeitpunkt allerdings nichtsahnend in der zweiten Klasse ihrer Dorfschule auf dem Festland und hatte mit Jungs noch nicht viel im Sinn.

Hilde, die Schwester von Fritz und Tochter von Großmutters Freundin „Fiege" (Friederike) Winter, gehörte ebenso zu den Konfirmandinnen des Jahres 1942 wie Frieda Bendsen, deren Eltern das große Möbelhaus (heute: Schulz) am Südstrand gehörte. Carla Larsen (heute: King) wünschte Otto ein „beglücktes Leben“, Irma Heitkämper (heute: Greve) mahnte „Vergißmeinnicht“ und Rita Nagel gab ihm den orthographisch nicht ganz einwandfreien, aber von Herzen kommenden Rat „Rede nicht alles, was Du weihst!“ mit auf den Weg ins Leben.

Konfirmationsanzug

Er stammte aus einer alteingesessenen Familie und gehört zu den berühmten Söhnen der Insel, er erhielt die Ehrenbürgerwürde und die ehemalige „Große Straße“ vom Glockenturm hinunter zur Königstraße wurde auf seinen Namen umbenannt: Friedrich Christiansen.

Sechs Jahre alt war Großmutters Sohn Otto, als er 1932 an einem frischen Augusttag zum Sandwall hinunterlief, um eines der beeindruckendsten Ereignisse in der Geschichte Föhrs mitzuerleben, das ihm für immer unvergessen bleiben sollte. Eine Chronik berichtet: „Das sonst so ruhige Wyk, der liebliche kleine Badeort, ist in festlicher Aufregung. Die Landleute verlassen die Erntearbeit, alles strömt zum Wyker Strand, wo sich gegen Mittag alles, was Beine hat, in erwartungsvoller Stimmung versammelt. Die Häuser sind beflaggt und geschmückt, und keiner entsinnt sich, jemals so viele Menschen am Strand gesehen zu haben.“ Sie warteten alle auf Friedrich Christiansen, der mit seiner DO-X den Atlantik überquert hatte und damit bis in alle Ecken der Erde bekannt geworden war. Und dieser „Föhrer Junge“ sollte nun mit seinem Großraumflugzeug der Firma Dornier auf der Nordsee vor Wyk landen! Immer wieder erzählte mein Vater im Laufe seines Lebens von diesem unglaublichen Moment, als ein tiefes Brausen in der Luft die Ankunft Friedrich Christiansens und seiner DO-X ankündigte, die kurz darauf von einer jubelnden Menge am Himmel gesichtet und begrüßt wurde.

Über dieses Erlebnis hinaus hatte mein Vater, dessen Konfirmation während des zweiten Weltkrieges stattfand, noch eine ganz persönliche Erinnerung an den DO-X-Kapitän Christiansen. Vaters ohnehin schon einfaches und sparsames Elternhaus mußte sich während dieser Jahre noch mehr einschränken, und es war meiner Großmutter unmöglich, ihrem Ältesten einen Konfirmationsanzug zu nähen oder gar zu kaufen. Dabei wäre es wohl auch geblieben, hätte es Friedrich Christiansen nicht gegeben, dessen Name von meinem Vater seither mit einer gewis-

Die DO-X vor Föhr auf Reede liegend.

Besucher lassen sich mit einem Boot auf die DO-X bringen.

sen Dankbarkeit genannt wurde. Seit dem Einmarsch der Deutschen in den Niederlanden war der ehemalige DO-X-Kapitän zuständig für die Evakuierung, Räumung und „Säuberung“ bestimmter Orte, Straßen und Häuser. Teile des auf diese Weise zurückgelassenen Eigentums brachte Friedrich Christiansen auf seine Heimatinsel und ließ es an Bedürftige verteilen. Und so bekam mein Vater doch noch einen Konfirmationsanzug.

Erst viele Jahre später, nachdem ich diese Geschichte das erste Mal gehört und die Friedrich-Christiansen-Straße wegen der Verfehlungen ihres Namensgebers wieder in „Große Straße“ umbenannt worden war, wagte ich meinen Vater zu fragen, ob ihm nicht einmal der Gedanke gekommen sei, welcher Junge wohl vor ihm den Anzug getragen hätte . . .

Briefe aus dem Krieg

Das abgerissene Pappdeckelchen einer Teebeutelpackung liegt ganz zu oberst in Großmutters Kästchen und trägt die Aufschrift: „Ottos Feldpostbriefe“. Drei mit einem schon etwas morschen, roten Bändchen sorgfältig zusammengebundene Briefstapel aus den Jahren 1943 bis 1945, die in sich wiederum nach dem Datum der einzelnen Nachrichten sortiert sind, bewahrt sie bis heute bei sich auf, holt sie in stillen Stunden immer wieder hervor und liest darin.

Der erste grüne Umschlag, den ihr Sohn an „Wilhelm de la Roi, Insel Wyk auf Föhr, Hafenstraße“ abschickte, ging am 13. August 1943 von seinem Ausbildungslager in Richtung Heimat. Die mit Bleistift geschriebenen Zeilen sind noch immer gut lesbar und berichten vom Alltag des 17jährigen: „Morgens um 6 Uhr stehen wir auf, und der Tag dauert bis 10 Uhr abends. Man ist froh, wenn man zu Bett gehen kann, denn man ist todmüde und mag nichts mehr sehen. Lust hierzu habe ich nicht und werde ich auch niemals kriegen. Schickt mir bloß alle paar Tage die Föhrer Zeitung, wir kriegen hier gar nichts Neues zu hören. Heute oder morgen gibt es tatsächlich eine Raucherkarte, wieviele Zigaretten das gibt, weiß ich nicht. Ich bin mit Heinz Andresen auf einer Stube, die anderen (von Föhr) sind alle auseinandergekommen. Hier sind alles Plattdeutsche auf der Stube. Eben sollten wir auf den Hof, dreißigmal ein und das selbe Lied singen, so ein Blödsinn. Wenn’s nach mir ginge, wäre ich sofort nach Hause gefahren. Man entbehrt hier so das Wasser.“

Sechs Monate später schreibt Großmutters Sohn aus dem Krieg, der ihn an einen nicht genannten Ort verschlagen hat: „Die Streichhölzer, das ist ein Kummer hier; einige haben noch ein Feuerzeug. Zu denen gehen wir mit einem Talglicht und holen Feuer, daß wir den Ofen in Gang kriegen. Unsere Sachen sind noch naß von der letzten Nacht, obwohl der Ofen den ganzen Tag in Gang war. Und der Dreck, der hier überall ist, ach, ist das ein Scheiß! Die Stiefel sind ständig verdreckt, manchmal sind die Füße nur noch ein Lehmklumpen. Man kann ja nachts auch nichts sehen, man fällt öfters in die Granatlöcher rein und die sind auch noch mit Wasser gefüllt. Die meiste Arbeit hat man ja mit dem Gewehr, das darf nicht rostig und schmutzig sein, es muß ja immer schußfertig sein. Ja, der Schmutz macht uns mehr zu schaffen als der Tommy (England). Augenblicklich habe ich furchtbar langes Haar, ich war wohl zwei Monate nicht zum Schneiden. So eine Mähne hatte ich noch nie. Wenn ich so in Wyk laufen würde, gäbe es ein Aufsehen!"

Im Februar 1945 lag Otto nach einem geplatzten Trommelfell mit 40 Grad Fieber im Lazarett, konnte seinen Eltern aber trotzdem nach Wyk schreiben, es gehe ihm soweit gut. „Wie ich Euch ja schon schrieb, habe ich Hannes Bahnsen hier getroffen, er ist hier Sanitäter. Zuerst hatte er immer die Nachtwache, nun bringt er uns immer das Essen und versorgt uns auch sonst mit allem. Gestern war ich auch wieder in der Badewanne, das ist prima, sich ordentlich waschen zu können. Ich bin hier auch schon ganz verwöhnt worden, jede Nacht in einem weißen Federbett schlafen, und man braucht auch keine Klamotten anbehalten. Man merkt mal wieder, wie schön man es früher gehabt hat."

„In einer halben Stunde marschieren wir ab zum Bahnhof, es wird wohl wieder nach dem Westen gehen", schreibt Otto im letzten Brief an seine Eltern und Schwestern vom 28. 3. 1945 aus Harburg, und berichtet weiter: „Wir haben Waffen bekommen, die aus dem (ersten) Weltkrieg stammen, alle so schwer und unhandig. Mein Gewehr ist bald eben so lang wie ich."

Nach diesen Zeilen blieben für längere Zeit alle Nachrichten aus. Otto geriet in englische Gefangenschaft und traf in einem belgischen Lager den Wyker Karl Hassold. Von dessen Identität mußte er sich allerdings erst mit der Frage: „Meister, sind Sie das?" überzeugen, denn der kleine und ehemals sehr runde Hassold war inzwischen so schlank geworden, daß sich Otto nicht mehr sicher war, wen er da vor sich hatte.

Das war eine der wenigen Geschichten, die Großmutters Sohn auch später noch über den Krieg erzählte. Über seine Ängste als junger Mann, das Grauen in den Schützengräben und den Tod der Kameraden verlor er selten ein Wort. Aber wir wußten auch so, daß ihn die Erlebnisse immer wieder heimsuchten, denn noch Jahrzehnte danach schreckte er so manche Nacht schreiend und naßgeschwitzt aus dem Schlaf hoch. Die Erinnerung an das Wiedersehen mit seinen Eltern nach dem Krieg, die ihm auf dem Wyker Sandwall weinend vor Erleichterung und Freude entgegenliefen, bewegte Großmutters Sohn tief. Wenn er überhaupt einmal davon sprach, dann mit brüchiger Stimme.

Vertauschte Schuhe

In jungen Jahren, nach den Einsätzen als Flakhelfer, überstandener Gefangenschaft in Belgien und nun auf Brautschau war mein Vater ein leidenschaftlicher Tänzer. Die flotten Drehungen, den Walzer linksherum und den Tangoschritt zu „Der schwarze Zigeuner" legte er mit seinen Ledersohlen höchst elegant aufs Parkett. Die Mädchen auf den Rängen des „Colosseums" beobachteten ihn, und manche wäre zu gerne einmal in seinen Armen durch den Saal getanzt.

Mit wieviel Aufregung und Angstschweiß diese Auftritte meines Vaters verbunden waren, wußte natürlich keine von ihnen. Meine Großmutter aber hat mir die Geschichte der Schuhe, in denen ihr Sohn so wunderbar tanzte, einmal erzählt. Wenn ihr Mann Wilhelm endlich später am Abend von „Lütt Simon" nach Hause kam, saß sein Sohn schon bereit und fertig angezogen zum Ausgehen. Nur eines fehlte noch – die Schuhe. Und im geheimen Bündnis mit meiner Großmutter, die jedesmal „Blut und Wasser schwitzte" vor Angst, lieh sich ihr Sohn die Sonntagsschuhe mit den guten Ledersohlen aus, die ihr Mann gerade eben unter das Sofa gestellt hatte: Mit dem harmlosesten Gesicht der Welt schob meine Großmutter sie mit den Füßen Stück für Stück weiter zu ihrem Sohn – die Augen unentwegt auf ihren Mann gerichtet und jede Sekunde darauf gefaßt, erwischt zu werden. Aber Gott sei Dank hatte der Punsch ihren Wilhelm schon etwas unaufmerksam gemacht, und so gelangten seine guten Ausgehschuhe an den Füßen seines Sohnes mit flotten Schritten ins „Colosseum". Noch Jahre später hörte ich meine Großmutter sagen: Wenn das „der Alte" mitgekriegt hätte!

Haus Häberlin

Das Haus des Professors, der aus Süddeutschland auf die Insel Föhr gekommen war und sich nun hier um die Kranken ebenso kümmerte, wie ihm die Pflege des Erinnerns und das Aufbewahren der Zeugnisse des Insellebens am Herzen lag, kannte meine Großmutter schon als Kind. Ein Jahr alt war sie, als er das Haus mit der hohen Treppe am Sandwall kaufte, über die sie so gerne hinauflief, und ihren siebten Geburtstag hatte sie gerade gefeiert, als das Friesenmuseum eingeweiht wurde, das fast zwanzig Jahre später den Namen seines Gründers erhielt: „Carl-Häberlin-Museum".

Ihr Sohn Otto war zu diesem Zeitpunkt (1927) gerade ein Jahr alt geworden, und es fiel meiner Großmutter nicht leicht, den kleinen Kerl immer wieder allein zu lassen, aber es ging nicht anders. Das Geld war knapp, und sie mußte etwas dazuverdienen. Zu den Arbeiten, die sie im Laufe der Zeit übernahm, gehörte das Austragen des „Insel-Boten". In ihrem Gebiet lag auch der Sandwall, und so kam sie in das inzwischen aufgestockte und nun wirklich sehr stattliche Haus des Professors Häberlin. Durch den kleinen, engen Gang zwischen den Häusern durch hinunter zum Strand lief sie dann und gelangte durch den zum Meer liegenden Garten des Hauses Häberlin in die Küche. Meistens legte sie nur rasch die Zeitung auf den großen Tisch in der Mitte des Raumes und eilte gleich weiter. Manchmal aber kam sie auch kurz mit der Hausdame Hanne Carstensen ins Gespräch, die gerade mit der Köchin den wöchentlichen Speiseplan des Herrn Professors besprach und ihr die Zahl der zu erwartenden Gäste mitteilte. Hanne Carstensen hielt sich nicht sehr oft dort unten in den Räumen des Personals auf; sie war schließlich die Hausdame und lebte wie der Professor in den oberen, fein möblierten und mit vielen Kunstgegenständen ausgestatteten Räumen. Fast fünfzig Jahre lebten sie Seite an Seite, ihre Schlafzimmer sollen auf dem gleichen Stock nebeneinander gelegen haben und in den Erinnerungen der alten Wyker heißt sie noch heute „Hanne Häberlin". Zu ihrem großen Kummer aber wurde Fräulein Carstensen nie die „Frau Professor Häberlin", denn eines Tages tauchte Fräulein Fertsch auf, wurde die Sekretärin des Hausherrn und schließlich auch seine Frau.

Als Hanne Carstensen sowohl den Haushalt als auch den Herrn Professor noch fest und konkurrenzlos in der Hand hatte, sorgte sie in den fünfziger Jahren dafür, daß ihre Großnichte Inge Johannsen aus Neugalmsbüll bei Niebüll, die bisher als Lehrmädchen der Hauswirtschaft auf einem nordfriesischen Bauernhof hinter dem Deich gelernt hatte, im Haus am Sandwall aufgenommen wurde. Als sogenannte „Haustochter“ lernte sie die feineren Manieren des Umgangs, durfte in der Praxis mithelfen, saß bei den Mahlzeiten am Tisch des Professors und wurde wegen ihrer feinen Bratensaucen oft zum letzten Abschmecken in die Küche gerufen. Nebenbei lernte sie auch noch den „Mann fürs Leben“ kennen und blieb so auf Föhr „hängen“. Von der Zeitungsausträgerin Agnes de la Roi mit kritischen Augen beobachtet und schließlich für geeignet befunden, lernte Inge eines Tages deren Sohn Otto kennen. Der hatte von seiner Mutter, die seiner nächtlichen Ausgeheskapaden und der wieder gelösten Verlobungen so langsam überdrüssig war, nämlich mit dem Hinweis auf dieses junge Mädchen im Hause Häberlin zu hören bekommen: „So eine mußt Du Dir suchen, das wäre die richtige Frau für Dich!“ Und auch Vater de la Roi meinte, es würde allmählich Zeit für die Gründung eines eigenen Hausstandes. Als der mittlerweile fast dreißigjährige Otto sich dann allerdings endlich dazu entschloß und seine Verlobung mit Inge Johannsen ankündigte, brummte sein Vater: „Warum denn nu all, geiht di dat nich gut bi uns?“

Sturmflut

Schon beim ersten Mal schlug sie die Augen auf, hörte den Wind und wußte, daß er in den letzten Stunden auf Südwest gedreht hatte. Zweige schlugen gegen das Fenster, und eine besonders heftige Windböe ließ die Pforte zum Blumengarten auf- und zuschlagen. Schnell stand sie auf, legte sich das große Tuch um die Schultern und ging in die Küche. Nachdem sie den Rest der Glut neu entfacht hatte, weckte sie die Männer. Inzwischen hatte die Sirene schon mehrfach geheult, und alle wußten Bescheid: Sturmflutwarnung, akute Gefahr für den Deich, für die Menschen auf der Insel. Als die Männer fertig angezogen in der Küche erschienen, hatte sie ihnen bereits einen heißen Tee und ein paar Brote gemacht. Im Stehen und ohne Worte verlief diese Mahlzeit, bevor der Mann und der Sohn meiner Großmutter in dieser Nacht das Haus verließen. Bei sich hoffentlich drehendem Wind und ablaufendem Wasser würden sie in den Morgenstunden zurückkommen. Noch aber waren es drei Stunden bis

Sturmflutschaden an der Wyker Küste: weggespülte Gehwege, entwurzelte Bäume und tiefe Einschnitte in der Uferkante.

zum Höchststand der Flut, erst dann sollte die Ebbe einsetzen. Die Männer der Insel würden die ganze Nacht draußen bleiben, und ihren Frauen blieb nichts anderes übrig, als auf eine gute Rückkehr zu warten.

Die Flutsäule am Wyker Hafen erzählt, daß meine Großmutter in ihrem Leben sieben Sturmfluten miterlebt hat. Bei der ersten war sie fünf Jahre alt, an die nächste im Jahre 1909 aber erinnert sie sich noch. Dabei sind es nicht die Ereignisse und Umstände, die sich eingeprägt haben, sondern das Gefühl der Bedrohung, das vom urgewaltigen Tosen des Meeres ausging. Dieses Abwarten, ob der Wind nicht vielleicht doch noch dreht und die Gefahr der Sturmflut mit sich nimmt, der Blick zum Himmel, an dem dunkel und schwer die Wolken vorbeijagen, das sorgfältige Schließen der Fenster und das bange Abwarten der nächsten Stunden gehörten von nun an zu ihrem Leben auf der Insel. Die Herbst- und Wintermonate treiben mit ihren Stürmen das Wasser gegen die Deiche der Nordseeküste und lassen die Inselbewohner damals wie heute gespannt auf Wasserstandsmeldungen und angekündigte Windstärken warten. Manchmal dreht sich der Wind plötzlich, flaut vielleicht nur etwas ab, aber es reicht, um die

Die Sturmflut von 1936 richtete schwere Schäden am Südstrand, in der Nähe vom „Schloß am Meer“ an.

Nordsee zu beruhigen, und die Menschen sind noch einmal davongekommen.

Die Flutsäule am Hafen erzählt, daß erst 1936 wieder ein Hochwasser die Insel bedrohte. Mit Windstärke 12 raste ein Orkan über die Westküste Schleswig-Holsteins direkt auf die Inseln zu. Letzte Passagiere von Dagebüll konnten noch durch den inzwischen geräumten Güterschuppen an Land gebracht werden, denn der Wyker Hafen stand seit Stunden unter Wasser. Für die Insel wurde die Lage zunehmend kritischer, und meine Großmutter erlebte nicht zum letzten Mal eine der Ursituationen ihres Lebens: Auf ganz Föhr heulten die Sirenen und Feuerhörner, und die Männer der Familie machten sich wieder einmal bereit. Die in die Hafen- und Königstraße hereinbrechenden Wassermassen hatten schon großen Schaden angerichtet, mußten unbedingt aufgehalten werden. Das Wasser stieg unaufhörlich, und niemand wußte, was die Nacht noch bringen würde. In ängstlicher Unruhe schaute sie den wild dahinwirbelnden Wolken am dunklen Himmel nach und hoffte auf ein Abflauen des Orkans. Nach einer langen Nacht hörte sie am nächsten Morgen die Entwarnung;

Die Mittelbrücke im Sturm.

nicht ahnend, daß Föhr schon in den nächsten Tagen von einem noch schwereren Sturm getroffen werden sollte. Und wieder das unheilverkündende Sirenengeheul, und wieder das Weggehen der Männer, um sich dem tosenden Wasser entgegenzustellen ...

Die vielen kleinen, nicht so schwerwiegenden Sturmfluten sind auf der Flutsäule nicht verzeichnet; die Markierung für die Jahrhundertflut von 1962 aber zeigt, daß der Wyker Hafen in der Nacht des 16. Februar völlig überflutet war. Der Königsgarten stand unter Wasser, bis in das alte Rathaus in der Königstraße drangen die Fluten der Nordsee, die schließlich sogar in die etwas höher gelegenen Gaststube des „Hotels zur Börse" gelangten. Ein Bild der urgewaltigen Zerstörungskraft des Wassers bot sich meiner Großmutter, als sie sich am nächsten Morgen auf den Weg machte. „Lüttmarsch" stand unter Wasser, und der Blick vom Leuchtturm Richtung Hafen zeigt ihr, welcher Elementargewalt die Männer in der letzten Nacht zu trotzen versucht hatten. Stunde um Stunde hatten sie Sandsäcke gefüllt und an den Stellen zu hohen Mauern aufgetürmt, die am gefährdetsten waren. Müde und erschöpft waren sie in den Morgenstunden mit grauen Gesichtern hinter geröteten Wangen zurückgekehrt und hatten sich mit schweren Gliedern erschöpft für eine Weile hingelegt.

Später hörten sie im Radio, daß die Insel noch gut davongekommen war. In Hamburg gab es Tote zu beklagen.

Noch zwei große Fluten erlebte meine Großmutter; die von 1981 und von 1990 zeigen einen wesentlich höheren Pegelstand, konnten aber nicht so viel Schaden anrichten, denn die Menschen hatten nach den Erfahrungen der Jahrhundertflut von 1962 in den Küstenschutz investiert und für die Menschen das Leben hinter den Deichen sicherer gemacht. Geblieben ist ihnen aber das Horchen nach dem Wind, der in den herbstlichen Abendstunden noch einmal merklich auffrischt, der Blick zum Himmel, an dem der Neumond die Gefahr einer Springflut bringt, der Griff zum Tidekalender und die bange Frage, aus welcher Richtung die Sturmböen kommen. Und meistens sind die Möwen, die vor Sturmnächten Schutz an Land suchen, die ersten Vorboten einer drohenden Sturmflut.

Strandräuber

Die unheimlichen Geschichten von den Schiffbrüchigen des letzten Jahrhunderts, die sich mit allerletzter Kraft aus den tosenden Wellen der Nordsee auf den dunklen Inselstrand retten konnten, um dann von den dort schon wartenden Bewohnern totgeschlagen zu werden, damit diese noch vor dem Eintreffen des Strandvogts die nun herrenlose Schiffsladung übernehmen konnten, wird noch heute in der dichten, warmen Gemütlichkeit so mancher Teepunschrunde auf Föhr erzählt. Wir Kinder saßen mucksmäuschenstill am Tisch meiner Großmutter und schauten mit großen Augen aufmerksam zu den alten Männern, die mit wissenden Gesichtern bedeutungsschwer an ihren Pfeifen zogen und doch nie ganz genau erzählten, was nun eigentlich an diesen Geschichten „Tühnkram" war und was nicht. Und wenn wir nachfragten, keine Ruhe geben wollten, dann sagte Großmutter: „Ach, wat de Mannslüt alles vertelln na dree Punsch!"

Mit einem Augenzwinkern erzählt einer ihrer Enkel gerne: „Durch Strandräuberei kam das Vermögen der Familie zustande." Er übertreibt, sowohl was das angebliche „Vermögen" als auch was seine Herkunft angeht. Ganz Unrecht aber hat er auch nicht, wenn ich bedenke, wieviele Balken, Bretter und Pfosten, die ihnen am Strand „direkt vor die Füße geschwommen waren", Großmutters Mann und Sohn verbaut haben und wieviel Brennholz „ungeklärter Herkunft“ in ihrem Wohnzimmerofen verfeuert wurde und den Wasserkessel leise sausen ließ. „Brennen ganz gut, de ollen Knarsen“, höre ich meinen Vater noch heute sagen und sehe sein zufriedenes Gesicht über die „salzige Wärme“ des kostenlosen Brennmaterials vor mir, wenn er sich einen Punsch einschenkte und seine Pfeife nochmal nachstopfte.

Auch an diesem Morgen war er schon früh unterwegs gewesen, denn auf der Insel hatte man von einem Schiff gehört, dem draußen vor Amrum ein Teil seiner Holzladung verloren gegangen sein sollte. Und weil der Wind schon seit dem Vorabend günstig stand und die Flut in den frühen Morgenstunden ihren Höchstpunkt erreicht haben würde, konnten sich die erfahrenen Holzsammler auf einen guten Fang freuen. Daß sie im Sinne des Gesetzes Strandräuberei betrieben, wenn sie wie die Männer in den Jahrhunderten davor Holz und Schiffsgüter bargen und heimlich nach Hause schafften, war den Inselmännern klar, aber Strandräuberei war für sie nicht unehrenhaft oder anstößig, sondern ihr uraltes Recht als Insulaner.

Eines Tages, nach einer besonders holzreichen Nacht, sprach der Inselpolizist bei meinem Vater vor. Seit ihrer Kindheit kannten sich die zwei „Inseljungs“, nun aber war der eine amtlich und sozusagen als Strandvogt zu dem anderen gekommen, um etwas über den Verbleib der vielen, vielen Bretter von bester Qualität zu erfahren, die ein Schiff vor Amrum verloren hatte und die Strömung an den Wyker Strand getrieben haben mußte. Der Schiffseigner wollte sein Eigentum zurück, und so fand in unserem Garten die „Vernehmung“ meines Vaters statt, von dem man wußte, daß er seine morgendlichen Fahrradrunde am Strand drehte. Keine fünf Meter entfernt lagen nasse Bretter von bester Qualität und waren nicht zu übersehen! Seinen amtlichen Blick fest auf das „corpus delicti“ geheftet, fragte der „Strandvogt“ meinen Vater, ob er etwas gehört oder ihm jemand etwas erzählt hätte, ob er womöglich selbst einiges „in Sicherheit“ gebracht habe. „Nichts gehört, nichts gesehen“, soll mein Vater nach kurzem Räuspern mit fester Stimme gesagt haben, worauf sich die zwei in bestem Einvernehmen trennten. Der Inselpolizist hatte seine Pflicht getan . . .

Nicht immer reichte der mitgeführte Handwagen aus, um alles auf einmal möglichst rasch und noch im Schutze der morgendlichen Dämmerung nach Hause zu schaffen. Und so brachte mein Vater erst die eine Ladung auf dem Hof meiner Großmutter in Sicherheit, um dann noch einmal zurückzukehren für die nächste Fuhre. Und wenn er dafür lieber bis zu den dunklen Abendstunden wartete, so konnte er doch sicher sein, daß ihm inzwischen keiner der anderen „Strandräuber“ das in den Büschen des damaligen Nordsee-Sanatoriums am Südstrand oder im kleinen Wäldchen beim Leuchtturm zwischengelagerte Holz weggenommen hatte. Strandräuberehre!

Schwer und naß vom salzigen Wasser der Nordsee waren die Stücke, die mein Vater mitbrachte und nur die besten, einwandfreien Bretter wurden auf dem hohen, trockenen Platz unter dem Dach des Gartenhauses gelagert, bis er sie eines Tages – manchmal erst nach Jahren – herunterholte, um sie für eines seiner Bauvorhaben zu verwenden. Später ging er dann durch die Räume des Hauses und erzählte mir, welche Bretter er verarbeitet hatte, von welchem Schiff sie wahrscheinlich kamen und daß sich das frühe Aufstehen in jener kalten Februarnacht dafür doch wirklich gelohnt hatte. Wenige Jahre nach seinem Tod räumten wir eines Tages das Holz-Depot meines Vaters und erinnerten uns an die Sturmnächte, in denen er noch einmal vor dem Schlafengehen vor die Tür geguckt und sich für den nächsten Morgen den Wecker früher gestellt hatte, denn er hatte gehört, daß ein Schiff vor Amrum . . .

Windfang

Als meine Großeltern ihr Haus bauten, waren Badezimmer nicht üblich. Und die Toilette mit Wasserspülung wurde auch erst später in einem Extrahäuschen angebaut. Als Kind fürchtete ich mich immer ein bißchen davor, bei meiner Großmutter auf die Toilette zu gehen. Dafür mußte ich nämlich aus der Küchentür hinaus, um das Haus herum in den kleinen Anbau laufen und die Tür zu dem kleinen, dunklen Raum öffnen. Meine Phantasie blühte, besonders in dunklen Abendstunden, wenn ich beherzt den Türgriff in die Hand nahm und mich dabei fragte, ob vielleicht eine dunkle Gestalt dort auf mich wartete. Schließlich war es ja ganz einfach, sich dort vom angrenzenden Wald her reinzuschleichen! Und während mich diese schrecklichen Vorstellungen schon um die Hausecke herum verfolgten und ich es nicht wagte, mich umzugucken, fiel es mir gar nicht leicht, auch noch an die Ermahnungen meiner Großmutter zu denken: „Nur für die großen Geschäfte die neue Wasserspülung benutzen! Für die kleinen reicht das Wasser aus dem Milchkännchen!“ Eilig erledigte ich

Die alte Kaffeekanne im Windfangfenster.

das Dringendste, flitzte zurück ins Haus und setzte mich erleichtert zu meiner Großmutter.

Irgendwann wurde dann der Windfang zwischen Küche und Toilette gebaut und meine abendlichen Toilettengänge damit erheblich weniger stressig. Der kleine Anbau diente meiner Großmutter als Lagerplatz für Briketts, Splinten, Schneeschaufeln, Besen, Einkaufskörbe, Gartenschuhe und die alte Jacke ihres Mannes. Später fand dort auch eine bedeutende Neuanschaffung ihren Platz: der Kühlschrank. Die Tür des Windfangs gehörte einst in ein Wyker Geschäftshaus. Als dieses umgebaut wurde, konnte mein Großvater sie für wenig Geld bekommen. Unzählige Male bin ich dort hinaus, habe unter den Bäumen Äpfel aufgelesen, einen Korb Brennholz oder etwas Schnittlauch zum Abendessen geholt. Und wenn ich vom anderen Ende des Gartens den holprigen Plattenweg zurück zum Haus ging, sah ich im Herbst meistens ein paar überwinternde Geranien neben der alten Kaffeekanne aus Blech und dem leeren Honigglas im Windfangfenster stehen. Die Bürsten auf dem Sims lagen dort zum Trocknen, wurden von manchem Regenschauer aber immer wieder durchnäßt und so mit der Zeit alt.

In der Küche

Auf dem Feuerherd meiner Großmutter sind die besten Bratkartoffeln der Welt zubereitet worden. Das hat ihr Schwiegersohn Rudi Solger immer gesagt, und der mußte es wissen, denn er war Kapitän auf großer Fahrt und kannte die Küchen der Welt. Großmutters Bratkartoffeln, die in der schweren, gußeisernen Pfanne über dem offenen Feuer brutzelten waren die größte Köstlichkeit für ihn.

Bis zum letzten Tag ihres selbständigen Lebens im eigenen Haus hat meine Großmutter die Anschaffung eines Elektroherds abgelehnt, das Kochen auf offener Flamme hatte sie gelernt, und es war ihr in Fleisch und Blut übergegangen. Geschickt und schnell wirtschaftete sie mit den verschiedenen Töpfen, Pfannen und Kesseln, legte Feuer nach und ließ das Fleisch leise weiterbraten, während das Gemüse langsam garte. In den Eimern und Kisten neben ihrem Herd bewahrte sie das Holz auf, das sie jeden Morgen aus dem Schuppen holte. Wenn ich sie zur späteren Vormittagsstunde besuchte, roch es in der Küche nicht nur gut nach Essen, es war auch gemütlich warm, und wir blieben meistens dort sitzen, denn die Wohnstube war noch nicht geheizt. Auf dem Küchenherd säuselte immer der Kessel vor sich hin, und bald saßen wir am Küchentisch vor dampfenden Teetassen. Mein Vater goß sich meistens etwas „Köm“ hinein, ich bekam ein Stück Schokolade, und meine Großmutter tauchte kurz einen Würfelzucker in den Tee und ließ ihn dann genüßlich auf der Zunge zergehen. Großmutters Radio oben auf dem Küchenschrank dudelte auf NDR 2 vor sich hin, und zur vollen Stunde hörten wir zusammen die Nachrichten. Am Küchenschrank hingen ein paar wichtige Telefonnummern, das nächste Geburtstagsdatum in der Familie, ein sinniger Kalenderspruch und das Bild des letzten deutschen Kaisers, der mit seinen sechs Söhnen durch das Brandenburger Tor marschiert. Und während wir dort saßen, stand sie einige Male auf, guckte nach dem Feuer und schimpfte manchmal über das schlechte Holz, das mein Vater ihr da vom Strand mitgebracht hatte. Sie rührte in den Töpfen, nahm einen Blechdeckel aus dem speziell dafür angebrachten Halter an der Wand, legte ihn auf die kochenden Kartoffeln und setzte sich dann wieder zu uns. Es gab manchmal so dunkle Tage bei uns im Norden, daß wir schon morgens die Lampe über dem Küchentisch anmachten – und das bei meiner sparsamen Großmutter! Mit Kochlöffel und Taschenlampe ausgerüstet stand sie an ihrem Herd. Und wenn das Essen so langsam gar sein mußte, warf sie einen raschen Blick mit der Taschenlampe in die Töpfe. Dafür mußte sie doch nicht extra das neue elektrische Licht über dem Herd anschalten!

„Giv mi mal de Melkpott ut Schapp“, sagte sie manchmal zu mir, wenn die Vorbereitungen des Mittagessens so weit vorangeschritten waren, daß sie schon mal die „Vanilliensoße“ zum Kompott auf den Tisch stellen konnte. Vorbei an angeschlagenen Schüsseln jeglicher Größe, Form und Farbe, wackeligen Tellerstapeln und Milchtöpfen unterschiedlichster Herkunft, die alle zusammen den Namen „Service“ nicht verdienten, griff ich ganz nach hinten ins Fach und gab meiner Großmutter den Topf. „De doch nich, is veel to lütt“, hieß es dann manchmal und ich tauchte erneut ab in das Reich der „Pottschorten“. Mittlerweile standen schon erste kleine Schüsselchen mit verschiedenen Gemüseresten auf dem Tisch, daneben noch ein Stück Fisch vom Vortag, die halbe Bratwurst, die ebenfalls liegengeblieben war, und schließlich ein dampfender Topf, den sie vom Herd geholt hatte und auf ein kleines Holzbrett stellte. Großmutters Griff zum Messer, mit dem sie sich nun eine Kartoffel aus dem Topf angelte, zeigte den Beginn ihrer Mahlzeit an und war gleichzeitig für uns das allerletzte Signal zum Gehen.

Das Muster der Wachstücher auf dem Tisch, an dem sie saß, wechselte alle paar Jahre, die Wachstücher aber blieben. Großmutters Arbeits- und Eßtisch war nicht groß, aber sehr praktisch. In seiner Schieblade befanden sich zwei weiße, eingelassene Emaillebecken, in denen sie ihr Geschirr wusch. Hinter dem Paradehandtuch hingen ihre Handtücher zum Abtrocknen, später auch Abwaschbürsten und allerlei Küchengerätschaften. Für den Abwasch mußte vorher das Wasser im Kessel nochmal aufgekocht werden, denn der Küchenhahn gab nur kaltes Wasser. An dem Waschbecken neben der Tür zum Windfang rasierte sich mein Großvater, kleine Wäsche wurde dort gewaschen, Töpfe vorgespült und Blumen vor dem Vertrocknen gerettet. Die Küche war das Zentrum des Hauses, und erst am Nachmittag, wenn meine Großmutter sich ins Wohnzimmer begab, wurde es dort ruhiger. Die Uhr über dem Herd konnte man dann ticken hören, der Wasserhahn tropfte vor sich hin, und das Feuer im Herd war bis zum Tee am Nachmittag fast verglimmt.

Heringe und Fliederbeersuppe

Wenn die Büsche im eigenen Garten nicht genug hergaben, zogen sie, um der lästigen Konkurrenz zuvorzukommen, schon früh morgens mit Eimern und Harken los. Durch die Wälder und bis nach Wrixum hinaus mußten Großmutter und ihre Kinder manchmal laufen, um die Eimer mit Fliederbeeren zu füllen. Und so wie sie mit der Harke die Büsche geerntet hatten, saßen sie nach ihrer erfolgreichen Rückkehr am Küchentisch und lösten die einzelnen Beeren mit Hilfe von Gabeln ab. Daß ihre Töchter dabei mehr essen als in die Schüsseln befördern könnten, mußte Großmutter nicht befürchten. Roh verzehrte Fliederbeeren erzeugen starke Magenbeschwerden.

Weil sie so ergiebig waren, kochte Großmutter die Fliederbeeren zweimal und füllte den noch heißen Saft in die extra dafür gesammelten leeren Köm-Flaschen. Im Laufe des folgenden Jahres holte sie dann eine Flasche nach der anderen mit der roten Gummikappe aus dem Keller, bereitete manchmal aus dem Saft einen kräftigen Grog mit Rum und Zitrone, meistens aber Fliederbeersuppe. Dazu kochte sie den Saft mit kleinen Apfelstücken und Zucker auf und servierte die heiße Suppe mit Grießklößen. Das war die Lieblingsspeise ihres Sohnes Otto, der die Fliederbeersuppe aus diesem Grund auch stets vor anstatt nach dem Essen zu sich nahm. Zum Geburtstag durfte er sich dazu noch einen Schweinebraten mit Rotkohl wünschen. Aber das war die absolute Ausnahme, denn die Fliederbeersuppe galt als billiger Magenfüller und wurde gerne mit kleineren Speisen zusammen serviert, um zu sparen. Und so standen nicht selten Heringe und Fliederbeersuppe gleichzeitig auf dem Speiseplan. Dreißig oder vierzig Pfennig für das Pfund Salzheringe zahlte meine Großmutter früher beim alten Fisch-Lund (heute: Fischhaus Scheel) in der Johannesstraße. Heringe waren das Arme-Leute-Essen. Großmutter wässert sie nach dem Einkauf in ihrer großen, alten Kumme und legte sie mit Zwiebeln, Essig, Zucker, Salz, Senfkörner und einem Lorbeerblatt ein. Ein paar Tage später kamen die Heringe mittags zusammen mit den in Milch „gestobten“ Kartoffeln auf den Tisch, und danach gab es Fliederbeersuppe.

Wohnstube

„Mook de Dör dicht“, rief meine Großmutter mir oft zu, wenn ich an kalten Herbst- und Wintertagen meine Jacke draußen im Flur gelassen hatte und nun ihre ofenwarme Wohnstube betrat. Tür auf, und schon kam mit mir die Kälte hinein. Meine Großmutter saß oft neben dem Ofen, ihr war es eigentlich nie zu warm, und manchmal hatte sie sogar noch eine Decke über die Beine gelegt. Von Zeit zu Zeit stand sie auf, schaute in den Ofen, legte Holz nach, rückte mit beiden Händen den großen, schweren Kessel etwas zurecht, damit das Wasser für ihre Wärmflasche die richtige Temperatur bekam und setzte sich wieder.

Mein Stammplatz wurde bald das tiefe Sofa mit den vielen bunten Kissen, zwischen denen meine Großmutter ihren Mittagsschlaf hielt. Die Erwachsenen saßen lieber auf den Stühlen, und so gehörte mir das Kanapee allein. Zwei untergeschobene Kissen gaben meinem Sitzplatz die richtige Höhe und bald saß ich mit heißen, roten Backen, aber eiskalten Füßen in Großmutters Stube. In die vorgewärmte Tasse goß sie mir Tee, und dann fuhren die Erwachsenen in ihrer Unterhaltung, die sich oft um die alten Wyker Zeiten drehte, fort. Zu denen gehörte auch Opa Wilhelm, dessen Stammplatz das Sofa gewesen war. Damals saß meine Großmutter neben ihrem Mann und bekam aus seiner Punschtasse meistens den ersten Schluck. Nur bei festlichen Gelegenheiten wurde ein Tischtuch aus Stoff aufgelegt, ansonsten stellte sich das Wachstuch auch in der Wohnstube als sehr praktisch heraus. Verschütteter Tee und Schokoladenflecken waren bei meiner Großmutter ebensowenig ein Thema wie der auf den Tisch gefallene Sahnekuchen. Mit dem stets bereitliegenden, feuchten Wischlappen war gleich alles erledigt.

Mit dem sechsten Glockenschlag der mächtigen Standuhr wurden den Herbst und Winter über im Wohnzimmer die Gardinen zugezogen. Der Wind kommt zu dieser Jahreszeit oft aus Südost und stand dann genau auf das Fenster, hinter dem wir zusammensaßen. Und wenn sich die Gardinen immer noch leicht bewegten, legte meine Großmuter manchmal auch noch eine Decke auf die Fensterbank, um so die kalte Luft auszusperren.

Es hat sich nur wenig im Laufe der Jahre in der Wohnstube verändert. Das schwere, dunkle Büfett, mit der grünen Stoffbespannung hinter den Glasscheiben, der Ofen mit dem großen Holzvorrat daneben, die Lampe zum Rauf- und Runterziehen über dem Tisch und der tiefe Lehnstuhl am Ofen waren schon immer da. Zwei bedeutende Neuanschaffungen wurden im Laufe der Jahre getätigt: ein Fernseher und ein Telefon. Aber eigentlich brauchte meine Großmutter dieses „neumodische Zeugs" gar nicht, sie war viel zu sehr mit ihren eigenen Vorlieben beschäftigt. Sie liebte nicht nur Gedichte, sondern auch Blumenbilder, die sie ausschnitt und in kleine Hefte klebte oder in alten Rahmen an die Wand über dem Sofa hängte. Dazu kamen manchmal Reproduktionen berühmter Gemälde wie „Der Sonntagsspaziergang" von Spitzweg und „Betende Hände" von Dürer, die neben dem Bild des ersten Schiffes, das unserer Familie gehörte, ihren Platz hatten.

Schreibend, nachdenkend und lesend verbrachte meine Großmutter die Abende in diesem Wohnzimmer, hörte nebenher leise Radio und machte sich manchmal noch zu später Stunde einen Tee. Und nie vergaß sie, vor dem Zubettgehen den Schlag der Standuhr abzustellen, das Feuer im Küchenherd zu kontrollieren und noch einmal nach dem Wetter zu schauen.

Ein eigenes Fach

Meiner Großmutter gehörte zwar zusammen mit ihrem Mann das Haus, in dem sie wohnten, solange er aber lebte, hatte sie kein Zimmer und keinen Tisch für sich allein. Stets mußte sie ihre eigenen Sachen wieder wegräumen, wenn es Essen oder den Nachmittagstee gab, wenn die Enkelkinder mit ihren Malstiften ankamen, wenn sich Besuch angesagt hatte oder Flickarbeiten zu erledigen waren. So ging es fast allen Frauen ihrer Generation, und den allerwenigsten machte es etwas aus. Sie brauchten angeblich nichts Eigenes, die Familie sollte ihnen alles sein.

Erst im Rückblick wird mir bewußt, daß meine Großmutter doch einen eigenen Platz hatte, der ihr nur allein gehörte: das große Fach hinter der grünen Glasfensterbespannung des dunkel-schweren Wohnzimmerbüfetts. So oft hat sie die Tür mit der fehlenden Rosette für den schräg herunterhängenden Schlüssel geöffnet, daß der Schrank in meiner Erinnerung nur aus diesem Teil zu bestehen scheint. Wenn sie aus ihrem Sessel am Ofen aufstand und nicht Richtung Küche ging, sondern zum Wohnzimmerschrank trat, dann wußte ich sofort, daß sie mir etwas zeigen oder zum Lesen geben wollte.

In ihrem Fach bewahrte sie die Dinge auf, die ihr früher einmal wichtig waren oder über die Jahre für sie nicht an Bedeutung verloren hatten, mit denen sie ganz bestimmte Erinnerungen verband oder Dinge, die sie einfach gern hatte. Eingewickelt in Zeitungspapier und zusätzlich geschützt von einer „Kaufhaus Knudsen“-Plastiktüte der 80er Jahre bewahrte sie dort das große, schwere und in braunes Leder gebundene Familienalbum auf. Die Silberschließe ging irgendwann einmal kaputt, das große, verzierte und verschnörkelte Wort „Album“ auf der ersten Seite aber ist noch bestens erhalten. Nur ein kleiner Fettfleck, den ein Unachtsamer hinterlassen hat, und die dunklen Spuren vom Umblättern am Seitenrand erinnern daran, daß fast hundert Jahre Familiengeschichte vor mir liegen. Die einzelnen Blätter des Albums sind aus starker Pappe, und in den schon dafür vorbereiteten, mit Gold umrandeten Fächern stecken die Fotos der Familie und Vorfahren meiner Großmutter – und keine anderen! Es beginnt mit Anna Pauline, der Tochter des Kapitäns Jes Wollesen Krap, die 1844 in der Boldixumer Kirche den von Hallig Hooge stammenden Sievert Broder Volquardsen heiratete und damit zur Stammutter der Wyker Volquardsens wurde. Der Berühmteste ihrer Nachkommen befindet sich auf der gegenüberliegenden Seite: Kapitän Hans Volquardsen, der als Offizier zur Mannschaft des legendären Fünfmasters „Preußen“ gehörte. Beim Weiterblättern begegnen mir nur wenige Menschen, die ich noch persönlich kannte. Die Namen und Geschichten der anderen aber sind mir auch nicht fremd, denn meine Großmutter hat immer wieder von ihnen erzählt, wenn wir uns zusammen das dicke Photoalbum anguckten. Dann setzte sie sich meistens neben mich ins tiefe Sofa, legte mir das schwere Album auf den Schoß, und wir sprachen über unsere Vorfahren: Ich fragte, und sie erzählte.

Eine andere, ganz ungewöhnliche Besonderheit, die sie in guten Stunden aus ihrem Schrankfach holte, waren die selbstgemachten Bücher meiner Großmutter. Bei leiser Musik aus dem Radio verbrachte sie viele Abende mit deren Gestaltung. Sie zog die Tischlampe ganz tief zu sich hinunter, beugte sich über den Tisch und begann mit der „Arbeit". Kleine Sinnsprüche, hübsche Bilder, getrocknete Blumen, kurze Erinnerungssätze an ein besonderes Ereignis, erste Schreib- und Malversuche von uns Enkeln, ein „Insel-Boten"-Bericht über meine Schulentlassung, Heiratsanzeigen der Familie, Todesanzeigen alter Wykerinnen und Wyker, aber auch die ihrer zwei Kinder Otto und Renate, ein Foto vom Grab ihres Mannes und viele andere Momentaufnahmen ihres Lebens fügte sie Seite für Seite zusammen und ließ so im Laufe der Jahre mit Schere und Klebstoff ihre Lebenscollage entstehen. Sie liebte es, sich mit ihren Büchern zu beschäftigen und genoß die stillen Stunden, in denen sie ganz sich selbst sein konnte.

Als ich älter wurde, durfte ich ihre Bücher anschauen und kannte sie bald so gut, daß ich immer bestimmte Seiten suchte, die mir besonders gefielen. Wie einen kleinen Schatz hütete Großmutter ihre Bücher, band jedes Einzelne nochmal extra mit einem Band zusammen und legte sie erst dann an den immer gleichen Platz in ihr eigenes Fach zurück. Bis in ihr höchstes Alter gestaltete sie ihre Erinnerungen, Stimmungen und Eindrücke zu neuen Buchseiten. Erst seit der Lähmung ihrer rechten Hand nach dem Schlaganfall mußte sie darauf verzichten.

Teestunde

Die Friesen sind Teetrinker. Seit dem 18. Jahrhundert gehört der Tee zu den Inseln und Halligen, und in vielen Familien haben sich nicht nur ganz bestimmte Teezeremonien herausgebildet, es werden auch Teetassen und Kannen von Generation zu Generation weitergegeben. Auch bei meiner Großmutter war die Teezubereitung schon immer mit ganz besonderen Handgriffen verbunden. „Dat Water suust all!" rief sie meinem Vater entgegen, wenn er zu ihr in die Küche kam, wo sie auf dem Feuerherd das Wasser in einem großen, schweren Kessel zum Kochen brachte. Und bis es soweit war, nahm den Zuckertopf, Löffel und Tassen aus dem Schrank. Sie waren wie die Teekanne ausgekühlt im Winter und wurden von meiner Großmutter mit einem Schuß des schon fast kochenden Wassers vorgewärmt. Später brachte sie den frisch aufgebrühten Tee mit ins Wohnzimmer, stellte ihn auf den Untersetzer und stülpte energisch die Teemütze darüber. Nun saßen wir alle da und warteten, daß sie nach gebührender Zeit aufstehen würde, um den Tee in der bauchigen Kanne noch einmal mit einem Löffel umzurühren. Und manchmal stellte sie die alte Keksdose auf den Tisch, aus der ich mir kleine Waffeln, Schmalznüsse, Heidesand und Mutzenmandeln nehmen durfte. Dann schenkte sie uns ein. Ich war es meistens, die die Teemütze dann von der Kanne nahm und oft meine kalten Hände in dieses warme und dick gepolsterte Stück steckte, bis sie allen eingegossen hatte. Dampfend heißer Tee ließ die Kandisstückchen krachen, die zusammen mit den kleinen Löffeln eine eigene „Teemelodie" beim Umrühren sangen. Und während sie die Teemütze wieder über die Kanne stülpte, genossen wir schon vorsichtig die ersten Schlucke. Ich kenne niemanden, der noch so eine Daunen-Teemütze benutzt, überhaupt noch so eine besitzt, denn sie ist mit diesen modernen, dünnwandigen ohne Teeflecken und eigene Geschichte überhaupt nicht zu vergleichen. Großmutters Teemütze ist schon alt und vor langer Zeit, als der Haushalt einer Wyker Kaufmannswitwe aufgelöst wurde, ins Haus gekommen. Ähnlich wie bei ihren Schürzen hat meine Großmutter über die vielen Jahre immer mal wieder ein Stück erneuert, einen Flicken draufgesetzt, manchmal die eine Seite ganz neu ausgepolstert und frisch bezogen. Das Ergebnis ist eine ganz besondere Teemütze. Und jedesmal, wenn ich sie sehe, denke ich an die vielen Stunden vor den dampfenden Tassen in ihrem Wohnzimmer, wo auf dem Ofen die nächste Portion Wasser schon leise vor sich hinsäuselte und unsere Gespräche ebenso untermalte wie die vor dem Fenster im Wind rauschenden Bäume.

Vor dem Hintergrund dieser „Melodie" hörte ich die Geschichte von Otto Karbe, der als letzter Insulaner nach dem zweiten Weltkrieg aus russischer Gefangenschaft zurückkehrte, und von der Arztfrau, die ihren beiden Kindern während des Krieges das Leben rettete, indem sie ihnen ihre Hände auf den Kopf legte, als das Schiff, auf dem sie fuhren, zwischen Dagebüll und Wyk von einem Flieger beschossen wurde. Sie verlor beide Hände.

Zwischen Vergangenheit und Gegenwart wechselten die Gespräche am Teetisch, stellten die Verbindung zwischen noch lebenden und schon lange begrabenen Menschen her, hielten Erinnerungsfetzen wach, und oft wurde auch der neueste Klatsch erzählt. Und wenn ich auch nicht immer alles verstand als Kind, so konnte ich doch an dem verschwörerisch gedämpften Ton der Unterhaltung und den ausgetauschten, wissenden Blicken erkennen, daß es nun höchst interessante Dinge zu hören gab. Was allerdings daran so besonders war, daß der Lehrer seine Frau mit der des Arztes tauschte, und daß zwei Wyker Mädchen sich für die „St. Pauli Nachrichten“ fotografieren ließen, war mir nicht immer gleich klar. Und auch in anderer Hinsicht lernte ich dazu: Manchmal erzählten sie an Großmutters Teetisch von den alten Wykern, die einer aus der Familie noch gekannt hatte, vom Tischler „Julius Kunst“ und dem Bäcker „Wille Kremschnitt“. Daß diese Männer nicht wirklich so hießen, sondern entsprechend ihrer Berufe oder besonderer Eigenschaften umbenannt worden waren, erzählte mir als Kind niemand. Und so grüßte ich eines Tages den alten, stets vor sich hinpfeifenden Karl (Kalli) Andresen aus der Westerstraße mit den Worten: „Moin, Herr Fleut!“

Die grüne Lampe

Sie hat mir schon immer gefallen und oft habe ich die kleine, grüne Tischlampe oben auf dem dunklen Wohnzimmerbüfett meiner Großmutter angeschaut, wenn ich zwischen den vielen großen Kissen auf ihrem Sofa saß. Die Erwachsenen tranken ihren Abendpunsch, ich meinen Tee. Sie unterhielten sich, ich hörte meistens zu, fragte machmal wer denn „Miele Gosche“ oder „Jan Appel“ seien und bekam so ganz nebenbei ein Stück Inselgeschichte mit. Oft aber schweiften meine Gedanken ab, die Stimmen traten in den Hintergrund, verloren sich, ich schaute hinauf zur Lampe auf dem Büfett und hing meinen Gedanken nach.

Auf einem schlichten Jugendstilfuß aus dunklem Metall sitzt eine grüne Halbkugel, die in Dämmerstunden ein ganz besonderes Licht in den Raum wirft. In den zwanziger Jahren bekam meine Großmutter die grüne Lampe dort, wo sie „in Stellung“ war. Ein unerwartetes und damals sehr großzügiges Geschenk, das sie von nun an begleitete. Die grüne Lampe stand in einer der Wohnungen des großen Holzhauses hinter dem Wyker Hafendeich, in dem sie ihren Sohn zur Welt brachte, zog mit um in das kleine, niedrige Haus beim Königsgarten und kam schließlich mit ihr zum Starklef.

Den bis heute nur dürftig reparierten Schaden erlitt das grüne Glas, als Henny, die jüngste Tochter meiner Großmutter, fast ein Jahr mit einer

Lungenkrankheit im Utersumer Sanatorium lag. Dort, am anderen Ende der Insel, konnte sie sie nur selten besuchen und für Henny war es eine schwere Zeit in Krankheit, Einsamkeit und Entbehrung. Um sie ihr ein wenig zu erleichtern, nahm meine Großmutter die grüne Lampe mit und stellte sie ihrer Tochter auf den Nachttisch. Eines Nachts aber stieß Henny dagegen und die Lampe fiel um. Mit dem Schaden von damals steht sie nun auf einem kleinen Tisch vor meinem Bücherregal, denn vor einigen Jahren habe ich mir endlich ein Herz gefaßt und meine Großmutter um die grüne Lampe gebeten.

Der Garten im Starklef

Die grüne, nun schon verwitterte Tür gab jedesmal den Blick auf einen Garten frei, der unberührt vom täglichen Leben im Schein der späten Nachmittagssonne lag. Die Stille ließ mich den Wind hören, der durch die Blüten und Gräser strich, ich spürte ihn auf meiner Haut und fröstelte manchmal leicht, wenn dunkle Wolkenseen die Sonne verdeckten. Dann aber ließen die Strahlen ihres warmen Lichts ein Gemälde so voller Farben und leichter Bewegungen entstehen, daß ich wünschte, es für immer festhalten zu können. Der Garten meiner Großmutter erinnerte mich stets an das Seebüller Refugium des Malers Emil Nolde.

Vor allem die Dahlien, von denen ich ganze Arme voll pflückte und bei meiner Großmutter in eine der alten Vasen stellte, waren es, die mit ihrer Fülle von Farben und Formen jeden Blick auf sich zogen. Es gibt ein Foto, auf dem meine Großmutter mitten drin in dieser Blütenpracht steht. Sie reicht ihr fast bis zu den Schultern. Noch an den letzten und schon kalten, frostigen Oktobertagen blühten die Dahlien, dann wurden die hundert Stauden von meinem Vater ausgegraben und bis zum nächsten Frühjahr im Keller aufbewahrt. Eine besondere Zeit war es auch, wenn die Tulpen, Osterglocken, Mohnblumen und Lupinen blühten. Einst von meiner Großmutter an bestimmten Plätzen gepflanzt, haben sie sich im Laufe der Zeit immer stärker ausgebreitet und den Garten in Besitz genommen. Sie ließ es zu, freute sich an dieser Farbenpracht und den an manchen Stellen ganz unverhofft sprießenden Pflänzchen. Die Margarithe zwischen den Gehwegplatten an der alten Wasserpumpe wurde jedes Jahr größer.

Der Garten im Starklef und seine wilde Blumenpracht.

Meine Großmutter hat sie gut gegossen und kam nie auf den Gedanken, sie herauszureißen.

Die Bank, auf der wir manchmal saßen, steht jetzt schon seit langem in Wind und Wetter. Es ist die gleiche, auf der wir Enkel jeden Sommer einige Sekunden ganz still und brav saßen, damit unsere Großmutter ein Foto für das Familienalbum machen konnte. Die Latten der Bank haben sich inzwischen gelockert, die grüne Farbe blättert ab und die schmiedeeisernen Griffe sind rostig. Dort haben meine Großmutter und ich oft gesessen, über den Garten und uns gesprochen. Manchmal guckten wir auch nur schweigend dem wogenden Blumenmeer zu und genossen dieses Bild. Meine Großmutter liebte diesen Platz und es macht mich traurig, daß sie vielleicht nie mehr dorthin zurückgehen kann. Vor einigen Tagen habe ich zum ersten Mal in meinem Leben dort gesessen, ohne daß sie im Haus ist und darauf wartet, daß ich zum Tee hereinkomme. Nach einer Weile verschwand die Sonne hinter den großen Bäumen des angrenzenden Waldes und legte den Garten in schattige Kühle und ich mußte daran denken, daß er zusammen mit ihr alt geworden ist. Zuerst waren es die Dahlien, deren Stauden dem Frost überlassen werden mußten, weil ihr krank gewordener Sohn das Ein- und Auspflanzen nicht mehr überneh-

Die Bank an der sonnengewärmten Hauswand, auf der wir so oft saßen und das Blumenmeer im Schein der untergehenden Sonne betrachteten.

men konnte. Später verschwanden auch andere Blumen und nur die, die auch in der natürlichen Wildniss vorkommen, haben sich durchgesetzt. Der rote Mohn, die Vergißmeinnicht am alten Zaun, erste Rosen in windgeschützten Ecken und der alte Fliederstrauch, der Tisch und Bank wieder zu einem schattigen Plätzchen machen wird, blühen noch immer. Und mittendrin sehe ich die Wäsche im Wind flattern, die meine Großmutter an sonnigen und nicht zu windigen Tagen auf die Leine hängte. Sie wurde von einem alten Wäschestock gestützt, der immer noch dort steht. Auch der blaue Brotkorb aus Plastik hat noch eine Aufgabe, er dient jetzt als Vogeltränke. Und damit der Wind ihn nicht wegweht, hat meine Großmutter einen Stein hineingelegt. An ihm vorbei führt der alte Plattenweg zum kleinen Häuschen am Ende des Gartens. Von dem großen Haufen Brennholz unter dem Vordach holte sie sich jeden Tag ein paar Stücke für ihren Küchenherd. Tragen konnte sie die Holzscheite nicht mehr, und so benutzte sie einfach den kleinen Bollerwagen, mit dem wir Kinder gespielt haben, und machte sich auf den Weg: in der rechten Hand den Gehstock, mit der linken das Wägelchen ziehend. Und das alte, weiße Gartentor ei-

Wilde Margarithen haben sich einen Weg gesucht.

ner alten Kapitänsvilla und die Bretter, die vor Jahren am Strand angetrieben wurden, werden auch irgendwann in ihrem Ofen landen. Unter einem der Apfelbäume vor dem Gartenhaus, an dem die Sorte „Schafskopf“ üppig wuchs, ist meine Großmutter eines Tages bei dem Versuch, seine apfelschweren Äste abzustützen, ohnmächtig geworden. Sie hat nicht „viel Wind“ von der Geschichte gemacht, nur erleichtert schmunzelnd von ihrem weichen Fall ins Gras erzählt: „Har schlimmer kommen kunt!“

HÜHNERFUTTER

Opa Wilhelm hatte es nicht leicht mit seinem Hühnervolk, das in einem Stall hinten im Garten gackerte und krähte, Körner aufpickte und manchmal auch ein paar Eier lieferte. Die allerdings blieben oft liegen, denn Wilhelm traute sich nicht in den Hühnerstall hinein. Er hatte Angst vor seinem Hahn! Kaum, daß dieser meinen Opa aus dem Haus und den Weg zum Stall hinaufkommen sah, begann er wie verrückt zu krähen, plusterte sich auf, rannte wild zwischen seinen Hühnern hin und her, daß diese erschrocken auseinanderflogen und brachte sich dann in „Gefechtsstellung“. Gerade hatte Opa Wilhelm die Tür geöffnet und vorsichtig einige Schritte in das Innere des Hühnerstalls gewagt, da schoß der Hahn auch schon auf ihn zu, krähte wütend und attackierte meinen Großvater dermaßen, daß ihm nichts anderes übrig blieb, als schleunigst das Weite zu suchen. Mit einem beherzten Rettungssprung rückwärts war er wieder draußen und schloß mit zitternden Händen und zerzausten Haaren auf seinem hochrotem Kopf die Tür zum Hühnerstall. „Agnes, Agnes! Kannst Du nicht kommen und mir helfen? Der Hahn spielt wieder verrückt!“ hörte meine Großmutter es gleich darauf rufen und eilte hinaus, um ihrem Mann gegen den wütenden Hahn beizustehen. Der aber hatte sich wie durch ein Wunder in ein sanftes Hühnchen verwandelt, wenn meine Großmutter den Stall betrat und ließ sie ohne ein einziges Krähen oder grimmiges Aufplustern die Eier einsammeln.

Mancher in der Familie fragte sich, warum Wilhelm sein Hühnervolk nicht einfach in den Topf und den wütenden Hahn noch ganz woanders hin beförderte. Zu ihrem Erstaunen aber tat er das nicht und legte sogar allergrößten Wert darauf, selbst das Futter für sein Hühnervolk zu holen. Kein Weg war ihm dafür zu weit, und so machte er sich von Zeit zu Zeit

Das Erdbeer-Paradies – Beköstigung im Garten.

auf zur Wrixumer Mühle, um mit einen Sack Korn zurückzukehren. Das allerdings dauerte seine Zeit, denn der Rückweg führte am Boldixumer „Erbeerparadies“ vorbei. Dieses Lokal hat seinen Namen zwar von den „täglich frisch gepflückten Paradies-Erdbeeren“, die zu den Zeiten meiner Eltern und Großeltern dort mit Milch oder Schlagsahne serviert wurden, aber es gab für die Durstigen auch einen „Ausschank für Biere, Weine, Liqueure wie alle Spirituosen“ bei freundlichster Bedienung. Weder diese noch die sagenhaften Erbeeren interessierten meinen Großvater, sondern der Punsch, der dort ausgeschenkt wurde. Und so genehmigte er sich voller Behagen in Erinnerung an die mal wieder glücklich überstandenen Attacken seines Hahns das eine oder andere Tässchen, traf jemanden zum Schnacken, ließ nochmal nachschenken und dachte schon bald nicht mehr an seinen Hahn und schon gar nicht an zu Hause. Dort allerdings war man langsam beunruhigt, denn kein Weg zur Wrixumer Mühle und zurück konnte so lange dauern! Und so schickte meine Großmutter ihren Sohn dem Alten hinterher, der auch bald darauf mit dessen Unterstützung glücklich lächelnd und leicht wankend das Haus betrat.

Der Sack Korn aus der Wrixumer Mühle aber, der stand noch im „Erdbeerparadies“, und so blieb Opa Wilhelm am nächsten Tag nichts anderes übrig, als sich nochmal auf den Weg zu machen . . .

Wäscheklammern

Meine Großmutter räumte eines Tage das Schubfach in dem Schrank auf, der schon immer in ihrem Windfang steht. Von dort geht es direkt in den Garten hinaus, zur Wäscheleine. Jahrzehnte hat sie sich im Vorbeigehen die Wäscheklammern geschnappt und draußen im frischen Nordseewind gehofft, daß sie halten, was sie versprechen. Bei den neuartigen, bunten aus Plastik mit der speziellen Klemmvorrichtung mußte sie sich nicht mehr so große Sorgen machen, daß lange Unterhosen und Handtücher in Nachbarsgarten fliegen könnten.

Wie Männchen auf Stelzen, ohne Arme und Hals, aber mit rundem Kopf sehen die zwei Exemplare aus, die sie aus der Schublade zwischen den Gummiringen für „Weckgläser", alten und schon rostigen Schlüsseln, kleinen Stöckchen zum Abstützen der Geranien und einem kaputten Spiegel herauskramte und mir schenkte. Die etwa vier Zentimeter langen Stelzen haben früher, über Leine und Wäsche geschoben, für Halt gesorgt. Und auch, als die neuen Plastikklammern ins Haus kamen, hob sie sie noch auf. Man kann ja nie wissen! Nun aber hat meine Großmutter, die sich nicht so leicht von etwas trennt, die hölzernen Wäscheklammern endgültig ausrangiert. Sie trugen schon Spinngewebe und das Holz ist an den unteren Enden etwas splitterig, aber bei mir setzen sie ihre Tätigkeit fort: Rechnungen, Notizen, Briefe, Buchtips und Postkarten auf meinem Schreibtisch kann kein Windstoß mehr durcheinanderwirbeln.

Patchwork-Schürzen

Wenn ich so darüber nachdenke, habe ich sie bisher nur einmal ohne Schürze gesehen. Das war an ihrem 95. Geburtstag, und der Bürgermeister kam zum Gratulieren. Ein Jahr später, als „nur" die Kinder und Enkelkinder, ein paar Bekannte und der Pastor zum Geburtstagskaffee in ihrer Stube saßen, hatte sie wieder ihr hübsche Kleid angezogen – und darüber eine Schürze.

Seit ich Kind bin, kenne ich die Bewegung, mit der sie ihre Schürzen umbindet: Erst wurde sie mit einem Blick auf die passende Länge und den richtigen Sitz in der Taille sozusagen „angepaßt", bis Großmutters Hände dann zum Binden der Schleife hinter ihrem Rücken verschwanden. Gleich darauf kamen sie am Bündchen entlang wieder nach vorne, nahmen die zwei Bänder des oberen Schürzenteils, warfen sie energisch nach hinten und befestigten sie an den zwei dafür vorgesehenen Knöpfen – fertig.

Eigentlich ist daran nichts Besonderes. Für mich aber ist das nicht nur ein Stück Heimat, es ist auch ein Stück der Geschichte von uns Frauen. Schürze und Haushalt, das gehört zusammen. Daran dachte ich auch vor einigen Jahren, als ich mich für eine kleine Aufführung mit einigen typischen Requisiten versorgen mußte. Meine Großmutter lieh mir eine ihrer Schürzen, allerdings mit der ausdrücklichen Mahnung, sie auch wirklich zurückzugeben. Mein Auftritt war gut, aber die Schürze war der Star des Abends.

Sie war mindestens 25 Jahre alt. Das war an diesem Stück Stoff nicht spurlos vorbeigegangen. Meine Großmutter hortete zwar zehn neue Schürzen im Schrank, aber wozu die benutzen, wenn die alten doch nur mit einigen Flicken ausgebessert werden mußten?! Und so bildeten mit der Zeit das alte Taschentuch ihres Mannes, Teile des morschen Bettlakens und die Knöpfe einer ausrangierten Bluse eine neue Schürze. Einen Streifen der verblichenen Gartentischdecke entdeckte ich später als eines der Schürzenbänder wieder, die sie sich immer so schwungvoll über die Schulter schmiß. Und die Tasche mit dem wild-karierten Muster, die auf der Blumenschürze saß, die kannte ich auch.

Theodor Storm

Nur wenig Zeit war nach ihrem Umzug in das Wyker Altenheim vergangen, als meine Großmutter mich bat, ihr beim nächsten Besuch einige Gedichtbände aus ihrem Haus mitzubringen. Sie mußte mir nicht sagen, wo ich sie in ihrem Bücherschrank im Wohnzimmer finden würde. Unzählige Male hatte ich sie nach den Werken von Theodor Storm greifen sehen. Viele seiner Gedichte kennt sie noch heute auswendig und liest immer wieder im „Schimmelreiter“. Theodor Storm spricht ihr aus der Seele. Er sagt, was sie nie auf diese Art sagen könnte, aber ebenso empfindet. Ich glaube, sie findet in den Gedichten von Theodor Storm Antwort auf manchen bedrängenden Gedanken, Trost, Ruhe und sie hört in seinen Zeilen den Klang ihrer nordfriesischen Heimat. Bilder an den

Wänden sind ihr nicht so wichtig, beim Lesen der Gedichte schafft sie sich ihre eigenen.

Das merkte ich deutlich, als ich einige Tage darauf wiederkam und meine Großmutter versunken in seinen Gedichten lesen sah. Am liebsten hätte ich mich leise wieder davon gemacht, um sie nicht zu stören. Aber sie hatte mich natürlich schon lange bemerkt, blätterte mit ihrer linken, noch gesunden Hand etwas unbeholfen einige Seiten um und las mir die Storm-Zeilen vor, die ihr an diesem Morgen besonders viel bedeutet hatten. Manchmal ahnte ich, daß sie dabei an ihr langes Leben auf der Insel, an die harten Jahre, die für sie erst spät besser wurden, und an ihre verstorbenen Kinder Renate und Otto dachte. Oft sagte sie mir: „Kind, man muß es nehmen, wie es kommt".